はじめて学ぶ仏教
インド・中国編

有働 智奘 著

新典社

本書は、インドから東や南に広がった仏教の思想や歴史文化がわかり
やすく書かれている。仏教の基本的な教えも、各箇所にイラストを加え
られていて読みやすい。そして、一番の特徴は、『今昔物語集』の記事
が章ごとに挿入されていることである。これは、私たちの古典の中に、
仏教がいかに親しいものとして入り込んでいたのかを実感させるもので
ある。奈良の寺で修学旅行生に法話していた彼の著書を多くの若者が手
にとって読んでくれることで、仏教がもっと身近なものとして受け止め
られることを願う次第である。

東京大学大学院教授　蓑輪顕量

読者の皆さんへ

　まず、仏教を理解したいという人に伝えたいことがあります。

　手軽に「すぐわかる」ことを謳う仏教入門書は幾種かありますが、

この本を読んでも仏教はわかりません！！

　「仏教がわかった！」ということは「悟った！」、つまり「成仏」したということです。大切なのは、皆さんが悟りに近づこうと思う心なのです。

　この本を作った目的は、仏教に率直な疑問を持った人、あるいは「葬式、お墓」という陰気なイメージを持った人など、初心者の方が、学術的な仏教を学べるように学校のテキストを兼ねて編集しました。また、本書は昔の人の仏教理解を知る資料の一つとして、平安末期頃に成立したと考えられる『今昔物語集』を取り上げ、それに照らし合わせてお釈迦様の伝記を中心に「インドから中国」までの仏教の展開を学んで行きたいと考えました。そのため、高校生、大学生、特に国文学や歴史学を専攻している学生、及び能や浄瑠璃、歌舞伎など古典芸能や神道を学ぶ人々、日本文化を伝える方々を対象として執筆構成しました。

　ところで、私自身は奈良の寺院で十代から僧侶として仏教を学んだため、この本が奈良の仏教思想に基づいて解説しているところもあります。亡くなった私の師匠、奈良薬師寺管長であった故・高田好胤は、「永遠なるものを求めるために永遠に努力する人を菩薩という」と述べて、全国の学生に仏教を説いてきました。仏教を学ぶ意志を持ち続け、努力して続けていくならば、たとえ歩みが遅くとも仏教の理解は深まり続けるはずです。鎌倉時代の奈良興福寺僧であった良遍上人は、彼のお母さんのために仏教を説いた書物『法相二巻抄』で「一般人が悟りに掛かる時間は三大阿僧祇（$3×10^{56}$日）だけれども、悟りの瞬間は一刹那（75分の1秒）で摂まる（摂在一刹那）」と述べています。仏教の学びをあきらめないで、その一刹那の時間を大切に使っていきましょう。合掌

目 次

凡　例

・仏陀（ブッダ）の用例について、主に釈迦牟尼仏（ゴータマ・シッダッタ）個人を
　示す場合は「釈尊」、釈尊を含め、阿弥陀、薬師など、悟った仏全体を示す場合は
　「仏陀」とする。

・サンスクリット語（Sanskrit）は「skt」、パーリ語（Pāli）は「pl」と略称を用いる。

・研究者のみではなく、一般の信仰者も本著の対象者とするため、敬称や敬語表現を
　用いる箇所もある。

　　例）慈恩大師基の「大師」　大師、菩薩、上人、聖人など。

　　例）ご進講の「ご」など。

〈写真1〉　貝葉経（「梵本心経並びに尊勝陀羅尼」部分・東京国立博物館蔵）
Image:TNM Image Archives

〈写真2〉　ルンビニー摩耶堂横のアショー
カ王柱（上）とマーカーストン（アショー
カ王が釈尊の誕生地と認定した石碑）（下）

〈写真3〉　「板碑」（梵字）
國學院大學博物館蔵

〈写真4〉　雪山童子説話の絵画（左）と玉虫厨子（右）（法隆寺蔵　提供　便利堂）

〈写真5〉　前正覚山内洞窟の苦行釈迦坐像（左）と前正覚山の山頂（右）

〈写真6〉 ブッダガヤ大菩提寺の大塔（左）と釈尊成道の地の菩提樹（右）

〈写真7〉 ブッダガヤの苑池に安置された
釈尊像（成道後に龍王が我が身を笠にして
釈尊が雨に濡れることを防いだ時の姿）

〈写真8〉 サールナート（鹿野苑（園））
の仏塔

〈写真9〉 釈迦涅槃図（滋賀県竜王町・観音寺蔵）

〈写真10〉 釈尊入滅の地、クシナガラ仏塔　　　〈写真11〉 サンチー仏塔

〈写真12〉 サンチー仏塔の石門レリーフ

〈写真13〉 サンチー仏塔の石門レリーフ。ブッダが描かれず、
ブッダの代わりに法輪を刻んでいる。

〈写真14〉 アンコール・ワット

〈写真15〉 舞楽の蘭陵王（左、四天王寺）と迦陵頻（右、國學院大學神道文化学部）

〈写真16〉 中国・洛陽 白馬寺正門

〈写真17〉 揺銭樹（中国・綿陽博物館蔵）

〈写真18〉　敦煌・莫高窟と内部仏像

〈写真19〉　玄奘 三蔵像
（全体・東京国立博物館蔵）
Image:TNM Image Archives

〈写真20〉　三論宗ゆかりの草堂寺山門（そうどうじ）と「鳩摩羅什舌舎利塔（くまらじゅうぜっしゃりとう）」

〈写真21〉　玄奘三蔵ゆかりの興 教 寺山門と玄奘塔（中国・西安）

〈写真22〉　華厳寺の杜順と澄観の塔
（中国・西安）

〈写真23〉　義浄や法蔵ゆかりの
大薦福寺と小雁塔
（中国・西安）

第1章

古代のインド文化

ガンジスの夜明け

われらの祭祀にバーラティーは速かに来れ。
イダーもまた、マヌスのもとにおいてそのごとく、ここに異彩を放て。
サラスヴァティーを加え、三女神よ。
この心よき 褥 なすバルヒスの上に坐れ、いみじき業もつ彼女らは。

（『リグ・ヴェーダ』10、アープリー讃歌）

【ねらい】
この章では、まず、仏教が起こった土壌であるインドを知る必要がある
ため、古代から現在に至るまでのインドの歴史や思想、風土などの文化
を見ていきます。

1、現在のインド

　一般的に現在の「インド」とは、南アジアで国家を構える「インド連邦共和国」を中心にいいます。3 つの季節、夏、雨季、冬に分けられ、雨季を除いてほとんど雨の降らない地域もあります。1947 年にイギリス領から独立しました。人口は世界第 2 位の国であり、インダス文明に遡る古い歴史を持つ地域です。識字率[1]は約 7 割です。宗教についてはヒンドゥー教徒が約 8 割を占めており、そのため、身分制度「カースト」に基づいた社会性が残っています。

人口⇒12 億 5,000 万人（2013 年国勢調査（暫定値））

民族⇒アーリヤ族、ドラヴィダ族、モンゴロイド族など多民族国家。

言語⇒22 言語＋英語……ヒンディー語・英語（連邦公用語はヒンディー語、他に憲法で公認されている州の言語 21 種）

宗教⇒ヒンドゥー教徒 80.5%、イスラム教徒 13.4%、キリスト教徒 2.3%、シク教徒 1.9%、仏教徒 0.8%、ジャイナ教徒 0.4%

　　　　　　　　　　　　　　　　　　　　＊外務省ホームページ参照

●宗教

　現在、インドの宗教は、ヒンドゥー教徒が最も多く占めています。ヒンドゥー教は、もともと古代のバラモン教が発展した宗教です。キリスト教や仏教と同じように聖典はありますが、教祖がなく、土着の信仰であり、日本の神道と同じような自然崇拝として発生して形成されていった信仰です。

　そのバラモン教は紀元前 5 世紀頃に仏教やジャイナ教などの宗教が勃興したことによって、その信仰形態を変える必要が生じました。その結果、バラモン教は民間の多様な信仰、あるいは異宗教も受け入れるようになり、それらが同化してヒンドゥー教へと展開して行きました。紀元後 4〜5 世紀、インドで仏教が衰退し始めた頃、ヴェーダ（古代インドの聖典、後述）に基づく

信者が増え、新しいバラモン教の信仰形態としてヒンドゥー教が形成され、現在もインドの民族宗教として信仰されています。なお、ヒンドゥー教において、仏教の教祖「釈迦牟尼（釈尊）」は、ヒンドゥーの神々の1つとして崇拝されています。

【カースト制】

人間は、種姓（ヴァルナ（varṇa）といい、血筋や家柄。或は、生まれ育った境遇。）によって人生や職業が決まる制度をいう。

⇒バラモン（神官）・クシャトリヤ（王・貴族）・ヴァイシャ（商人・農民）・シュードラ（奴隷）

2、古代インドの歴史

●インダス（Indus）文明 —— 紀元前2600年

「インダス（Indus）、ヒンドゥー（Hindu）」は、「ヒマラヤから流れる大河」を意味する用語で、ヒンドゥー教、インドの名前の由来でもあります。

中国では「天竺」「身毒」「印度」と漢訳され、この中で最も多く使われている「印度」は、7世紀に玄奘が漢訳したものです。

また、この地域から出土したインダス文明の印章の「一角獣」模様などから、神々へ祭祀を行っていた姿がうかがえます（後述『今昔物語集』参照）。

【アーリヤ人の大移動】

当初、インド大陸にはドラヴィダ人が居住していましたが、アーリヤ人の進行によって南方へ移動していったと考えられます。そして、次第に、インダス川流域からガンジス川流域へ文明が移行していき、紀元前2000〜1500年以後からインダス文明が徐々に衰退し、ヴェーダ時代（前期）となります。

●ヴェーダ時代 ── 紀元前 1500〜500 年

　アーリヤ人が移住した後、ヴェーダ聖典が作られるようになりました。ヴェーダ（Veda）には「叡智」「知恵」という意味があり、古代インドの宗教「バラモン教」の聖典です。この時代はヴェーダ時代（後期）と呼ばれています。

【4 大『ヴェーダ』】

・リグ・ヴェーダ……………多様な神々の神話を収録
・サーマ・ヴェーダ…………インド古典音楽（声 明）
・ヤジュル・ヴェーダ………散文祭詞集
・アタルヴァ・ヴェーダ……呪文

　さらにヴェーダは「本集」「祭儀書、梵書」「森林書」「奥義書」の 4 つに分類されます。特に「祭儀書、梵書」（ブラーフマナ）や「奥義書」（ウパニシャッド）は代表的な典籍です。

【インド叙事詩】

◎『ラーマーヤナ』……ヴェーダ時代の伝承に基づいたコーサラ国のラーマ王子を中心とする英雄伝。3〜5 世紀に成立。当時のクシャトリヤ勢力の活躍を反映していると考えられています。
◎『マハーバーラタ』……4〜7 世紀のグプタ朝に成立[2]。
　＊代表的な作品に『バガヴァットギーター』が挙げられます。

●十六国の時代 ── 紀元前 1000〜4、300 年

　初期仏典『ニカーヤ』（第 6 章参照）によると、釈尊（お釈迦さま）が誕生した時代のインドに十六カ国の国家が成立していました。後に掲げる『今昔物語集』（後掲傍線部）にも出自します。この中でもマガダ国、コーサラ国は強大国でした。のちにマガダ国が発展し、マウリヤ王朝を建て、アショーカ王（阿育王）によってインドがほぼ統一されます。

3、インド哲学、思想

　アーリヤ人の移動と共に文明の中心はガンジス川流域に移行し、ヴェーダ時代にバラモン教が勃興しました。ところが、次第に祭官であるバラモンより、政治・軍事を掌握するクシャトリヤが実力を持つようになり、身分と実力とのバランスが崩れていきました。そうすると、人間の存在価値に対して様々な思考が生まれました。バラモン教においても6つのヴェーダ哲学が生じ（六派哲学）、さらに、その理念を用いながら、バラモン教とは異なる信仰形態が起こり、主に6つの新しい宗教が勃興しました。

●六派哲学

　ヴェーダに基づいたインド古典的哲学を「ダルシャナ（シャッド・ダルシャナ）」といい、主に6つに体系化されました。これを一般的に「六派哲学」といいます。

①ヴェーダーンタ　…宇宙原理の一体化。「梵我一如」[3]。

②ミーマーンサー　…言語不滅論。祭式を重視し、祭式で幸福を得るとする。

③ヨーガ　…………坐法や歩行による観想（瞑想）。

④サーンキヤ　………数論派。精神と物質の二元論を以って思考する。

⑤ニヤーヤ　…………インド論理学。

⑥ヴァイシェーシカ…「原子論」派。物質世界に存在するものは全て有限であり、個々の原子に還元できるということを前提。

●六師外道

　紀元前500年頃になると、先に述べた六派哲学以外にも様々な思想、宗教が生まれました。その中でも代表的な教派を後世に仏教徒が6つにまとめて「六師外道」と総称しました。この場合の「外道」とは、仏教徒以外の宗教・教派を示します。

　　＊インドの宗教観として、宗教・思想を異なった視点で区別して表現される場合

があります。例えばヒンドゥー教においては、仏教やジャイナ教などヴェーダの権威を否定する教派を「ナースティカ」（非正統派、異端）といい、一方、六派哲学（ダルシャナ）を「アース

ティカ」（正統派）と呼んで区別しています。この形態を仏典では「沙門（シュラマナ）」[4]や「外道」（仏教、バラモン教以外）と「婆羅門」（バラモン教）に区分されています。

　このように仏典に記す「六師外道」は、ヴェーダの権威を否定する代表的な教派を挙げており、バラモン教を「外道」に位置付けする傾向は見られません。むしろ、仏教側は、自分たちを「内道」。自分たちと同様のヴェーダの権威を否定する新教派を「外道」。そして、初期仏典では「完成された人をバラモンと呼ぶ」（『ダンマパダ』第6章参照）などと記述されており、当初の仏教はバラモン教を全く排除していたのではありませんでした。

①アジタ・ケーサカンバリン　………四元素（地水火風）の唯物論、快楽至
　上主義
②パクダ・カッチャーヤナ　…………七要素説（四元素＋苦・楽・命）
③プーラナ・カッサパ　………………道徳否定論
④マッカリ・ゴーサーラ　……………十二要素説（霊魂、地、水、火、風、得、
　失、苦、楽、生、死）、宿命論
⑤サンジャヤ・ベーラッティプッタ…懐疑論
⑥ニガンタ・ナータプッタ　…………多元的実在論（霊魂と非霊魂）、五要素
　（霊魂、運動の条件、静止の条件、虚空、物質）

　＊ニガンタ・ナータプッタは後にジャイナ教を開き（後述）、現在でも信仰を集

めています。

【ジャイナ教】

　ジナ教ともいい、ニガンタ・ナータプッタ（紀元前6〜5世紀）が開祖です。開祖は「マハーヴィーラー」（偉大なる勇者）と尊称され、釈尊と同じくクシャトリヤ出身です。仏典では「尼乾子」と記され、教義の特徴として、仏教と同じように戒律があり、次の2つが挙げられます。

① 無所有（何物も所有しない）

　　ジャイナ教の無所有は、俗世の物事や所有（持ち物）に対する断絶を目的とします。その目的の意味は、アヒンサーの成就（完成・達成）にあります。

② アヒンサー（「不害」、不殺生・非暴力）

　　ジャイナ教のアヒンサーの概念は、人間に限らず動物、植物、微生物など、命のある全ての生命体は神聖であると考えられています。そのため、暴力行為の禁止のみが目的ではなく、暴力を発生させる全ての欲求を持たないことを目指します。例えば、ジャイナ教は鳥獣を守るために独自の動物の聖域を持ちます。また、修行者は小さな虫などを殺さないために自分の前方の地面を箒で掃く行為をします。

●輪廻（サンサーラ skt.saṃsāra）と業（カルマ skt.karman）

　インドにおいて輪廻は「サンサーラ」、業は「カルマ」と呼ばれ、バラモン教の思想が基盤と考えられています。生前の行為を「業」といい、「輪廻」は、人間、動物などの生命体が死亡した後、それらの生前の行為「業」の結果、多様な生命体になって生まれ変わることをいいます。これは「輪廻転生」といい、限りなく生と死を繰り返す輪廻の現象を苦と認識し、2度と輪廻を繰り返すことのない解脱[5]（ヴィモークシャ）を最高の理想として考え

ていました。そして、現在
の生命体の位置づけ、つま
り「宿命」は、過去の業に
よって決められたと考え、
これが、業（行為）に基づ
く因果応報の法則（善因楽
果・悪因苦果・自業自得）と
して理論化されてインド人

の死生観・世界観が形成されていきました。

　特にこれらはカースト制の身分を理解するために理論的に受容しやすい思
想として形成されたと考えられています。例えば、バラモン階級で生まれた
のは前世の業が善良であったためであり、一方、シュードラの奴隷身分で生
まれたのは前世の業が悪かったという思考で人生を納得させていたと思われ
ます。

【仏教の輪廻観】

　仏教も伝統的に輪廻が教義の前提となっており、輪廻を苦と捉え、輪廻か
ら解脱（心が束縛から解放され、苦しみから脱出すること）し、最終的に涅槃
（ニルヴァーナ、心身を悩ませる原因を吹き消し、安らかな状態。第 8 章参照）を目
的とします。初期仏典（紀元前 3 世紀頃成立の経典）では基本的に天界、人間
界と、畜生（動物世界）、餓鬼（いつも飢えと渇きに苦しむ生き物、亡者）、地獄[6]
の 3 つの世界（三途という）を合わせた五道（五趣）輪廻が説かれましたが、
後に戦争の苦しみを示す阿修羅界が加わり、6 つの世界、所謂「六道」の輪
廻を提唱するようになりました（第 5 章参照）。

【ジャイナ教の輪廻観】

　ジャイナ教も基本的には輪廻観に基づいて教義が形成されています。多様
な生命体の領域への再生・復活が繰り返され、現在の生活において輪廻を重

視します。輪廻は苦痛・不幸に満ちた現世の存在であり、放棄することを目的とします。煩悩を消滅させる涅槃を説く仏教（第8章参照）と違い、最終的に解脱は輪廻から解放される唯一の手段であると説きます。

4、古代インドの言語

　古代インドの代表的な言語として、アーリヤ人系の「サンスクリット語」、ドラヴィダ人系の「古代タミール語」があります。仏教は主にサンスクリット語系で伝えられました。さらにサンスクリット系の言語がプラークリット（俗語）として南方へ広まったのが「パーリ語」です。現在、インド学仏教学ではサンスクリット語（梵語（ぼんご））とパーリ語（巴利語（ばりご））の二つのインドの古語が研究されています。インドで文字が使用されるようになるのは、インダス文明で使用された形象文字が由来であると考えられ、考古学からの見解では紀元前6世紀頃にブラーフミー文字が南アジア全体、カローシュティー文字は南アジアの西北部に広まったと考えられています。その後、デーヴァナーガリー[7]が誕生します。それらの多くはヤシの木の一種であるターラの葉に刻まれました。中でも「貝葉経（ばいようきょう）」（口絵〈写真1〉参照）は有名です。一方、言語もサンスクリット語（Sanskrit）とパーリ語（Pāli）に分かれます。サンスクリットは「skt」、パーリは「pl」と略称が用いられます。

●歴史

紀元前6～3世紀

カローシュティー文字　　　ブラーフミー文字

A.D 7

ナーガリー文字

デーヴァナーガリー

●サンスクリット語

　サンスクリット語はデーヴァナーガリーで記されていますが、辞書などで調べる場合はローマ字に置き換える作業「ローマナイズ」を行い、意味を解読します。

①音韻

　音韻の特徴として、無声無気音・無声帯気音・有声無気音・有声帯気音の4種類が挙げられます。このうち有声帯気音は息もれ声であり、これらの音は現在のヒンディー語などにも見られます。

②動詞（定動詞）

　語根（√で表示する）から語幹を作ります。数は単数、両数、複数の3種・人称は一人称、二人称、三人称の3種・態は沢山あるのが特徴です。

③名詞、形容詞

　特徴として、数は動詞と同じです。名詞は全て「男性」「女性」「中性」があり、格は8つ挙げられます。

【連声法】(sandhi)

　語と語や、複合語内の各成分どうしの間で、音が互いに影響を与えて変化する現象を連声法（サンディ）といいます。

例：ヒマラヤ（英語：Himalaya。サンスクリット語：ヒマーラヤ）は、hima「雪」＋ālaya「収蔵、住処」が連結して「雪の住処（蔵)」（हिमालय himālaya）という語句になりました。つまり、Hima の最後の「a」と ālaya の最初の「ā」が結びつき（a+ā=ā）、連声した言葉です。

【日本における影響】

　サンスクリット語は、別名「梵語」と呼ばれ、デーヴァ

梵字

ナーガリーは「梵字」に変化しました。日本へは、仏典とともにサンスクリット関連の知識や単語などを取り入れて、中国経由で「悉曇学」として伝わりました。代表的な言葉は「檀那（旦那）さん」⇒skt.Dāna（布施、施しをする人）。「達磨」⇒skt.Dharma（法）などがあります。

注

1　15歳以上の人口に対する、日常生活で使用する程度の読み書きができる人口の割合。

2　『マハーバーラタ』（skt.Mahābhārata）は古代インドの大叙事詩で、「バラタ族の戦争を物語る大史詩」の意。紀元前の古い時代からの伝承が整理補正されて、4世紀ごろに成立したと考えられている。この物語は、インド文化の普及に伴い、東南アジアや中国の文学、芸術に反映し、いくつかの挿話は仏教と共に日本へ伝わり、その影響は『今昔物語集』や謡曲の一角仙人の話、さらに歌舞伎の『鳴神』にまで及んだという。

3　宇宙の原理「梵（ブラフマン）」と個人の主体「我（アートマン）」が同一であること。

4　一般的に沙門は一般社会の生活から離れて修行する人をいう。後世では仏教の僧侶を示すようになった（第4章参照）。

5　解脱…インド思想や仏教の用語。サンスクリット語の名詞のビムクティ（skt.vimukti）、パーリ語のビムッティ（pl.vimutti）の訳語。また解脱のサンスクリット語として、ムクティ（skt.mukti）、ヴィモークシャ（skt.vimoksa）、モークシャ（skt.moksa）などが用いられることも多い。インド思想一般において、解脱は、現世、迷いの世界、輪廻などの苦しみから解き放たれた理想的な心の境地をいう。

6　音写で奈落（skt.naraka）の訳。地下の牢獄の意。この世で悪いことをした者が死後に行って苦痛を受けるという所。日本では歌舞伎などの舞台下の用語になった。

7　デーヴァ（skt.Deva）は神、ナーガリー（skt.nāgarī）は市民を意味し、神聖なる都市の文字を表す。

『今昔物語集』巻五「一角仙人（いっかくせんにん）、女人を負い、山従（よ）り王城に来（きた）る語、第四」

　昔、天竺で頭に１つの角を生やした仙人がいました。仙人は空を飛び交い、神通力（じんづうりき）（超能力）を持っていましたが、大雨の降った山道で足を滑らし転びました。仙人は雨を降らした龍王を怒り、彼を水瓶に閉じ込めてしまいました。そのため、12年間雨が降らず、インド国中に旱魃（かんばつ）が起き、人々は皆嘆き悲しみました。インド十六の大国の王は様々な祈禱をして、雨が降る事を願いました。その時、国王たちは知恵者の大臣の意見を受け、国中の美女を仙人のもとへ送り、仙人を女色に溺れさせ、神通力を失

一角仙人の面
（提供　イノウエ
コーポレーション）

わせて龍王に雨を降らせようとしました。すると、大臣の予想どおり、仙人は美女にうつつを抜かし、美女と交わった時に神通力を失い、龍王が水瓶から抜け出して雨を降らせました。その後、仙人は美女を背負って王都へ送り届けましたが、途中、国王や民衆が嘲笑し、その後、仙人は山へ帰ったと語り伝えられました。

　＊この話に登場する「一角仙人」は、先述した『マハーバーラタ』『ジャータカ』などに記される。その根源は、先のインダス文明で見られるように「一角獣」といわれている。ギリシャへ伝わると「ユニコーン」という神獣となり、『聖書』にも登場する。日本でも能楽の謡曲（ようきょく）や久米（くめ）仙人（『今昔物語集巻十一』）の話に繋がっていくことが興味深い。インドの文化が東洋と西洋に影響を与えた一例である。

コラム【インド人の風俗】

インド人の風俗といえば、男性は頭に布を巻くターバン、女性は体に布を巻くサリーという姿を思い浮かべます。しかし、女性が着用するサリーはインドで一般的に着用が見られるのに対して、男性のターバン姿は人口比率から見ると、かなり少ないのが事実です。ターバンは頭に布を巻きつける頭飾りです。インドで約 1.9% の少数派のシク教徒（p.19 参照）がターバンを用います。宗教に関係なく、一般的な男性は「トゥピー」や「フェズ（トルコ帽類）」をかぶり、主にインドでは白色、ネパールでは黒色を用います。また、インド人はナンが主食であると思われますが、祝祭のごちそうであり、普段はあまり食べません。インディカ種のお米「チャワル」、もしくはナンよりも薄くて、やや硬めの「チャパティ」が一般的な主食です。

第2章

釈尊の生涯 I
—— 釈迦族について ——

インド・ピフラハワ（ピプラーワー）のストゥーパー

ヒマラヤの中腹に1つの民族がいます。
昔からコーサラ国の住民であり、富と勇気を具えています。
姓に関しては「太陽の裔」といい、種族に関しては「サーキヤ族」といいます。

（『スッタニパータ』422）

【ねらい】
この章では、「釈迦」についての名称や家族、及び、仏教の時代区分などを学んでいきます。

1、尊称

　仏教は、一般的に「釈迦（略した敬称は釈尊という、以後「釈尊」と統一）」と呼ばれる紀元前 5 世紀前後に出現した実在の人物によって生まれた教えです。すべての生きとし生けるもの「衆生（skt.sattva）[1]」が、宇宙全体の事実を悟ることを説きます。つまり、真実ではない「虚妄」から「真実」に目覚めることを目的とします。その真実に目覚めた人を「仏陀（skt.Buddha）」といい、これは「目覚める＝skt.√budh」という言葉が由来です。この「仏陀」を略して「佛（仏）」と表現します。また、真実を求めて悟ったことを「ボディ（skt.bodhi）」といいます。これが漢字に音写（発音を漢字に当てること）されて「菩提」と表現されます。そして、漢訳（古い時代の中国語に翻訳）で「覚悟」「成道」といいます。さらに、悟りを求めるもの、つまり「悟りを求める生き物（生命体、衆生）」を「ボーディ・サットヴァ」といい、これを漢字に音写して「菩提薩多」と表現され、それを略して「菩薩」と呼びます。つまり、仏陀に成ろうと努力する者を菩薩といいます。言い換えれば、仏陀に成る前の状態を菩薩と表現します。

　仏陀の名称はいくつかあり、「如来の十号」といわれます。実際は 10 種類以上の表現があり、次に主な名称を掲げます。

●仏陀の名称

・如来……タターガタ（skt.tathāgata）「真如[2]」（skt.tathatā）という語に「到る・来れる（skt.√āgata）」という語が付いた名称。つまり、「真理に到達した人」。

・世尊……バガヴァーン（skt.bhagavān）やバガヴァット（skt.bhagavat）を漢訳した語で「聖なる人、偉大な人」「世界で尊い人」という意味（後述、薄伽梵）。

・無上士……アヌッタラ（skt.anuttra）を「この上ない士（人間的に優れた男子）」と漢訳した語。

・応供……アルハット（skt.arhat）の漢訳が語源。修行によって煩悩（心身を

悩ませる原因、第5章参照）を無くしたため、供養（生活支援）を受けること

が相応しい人という意味であり、このアルハットを漢字に音写した語を

「阿羅漢」という（第7章参照）。

・善逝……スガター（skt.sugata）を漢訳した意味。「悟りの境地「善因」に逝

く結果を得たため、迷いの世界に還らない」という意味。

・正等覚（正覚者）……無上正等正覚の略称。アヌッタラ（無上、この上

ない）・サンミャク（正等、平等公正）・サンボーディ（正覚、叡智を持った悟

り）を得た人という意味。このアヌッタラ・サンミャク・サンボーディ

（skt.anuttara-samyak-sambodhi）を漢字に音写すると、「阿耨多羅三藐三菩提」

と表現され、『般若心経』にも記されている。

・浮屠……仏陀と同じく、ブッダ（skt.Buddha）を漢字に音写した語。「浮図」

とも表記される。

・薄伽梵……バガヴァーン（skt.bhagavān）を漢字に音写した語。漢訳「世尊」

と同じ「天才な人、優秀な人」という意味。薄伽婆とも表現される。

●釈尊

釈迦牟尼（skt.Śākya-muni）

釈迦族の牟尼（聖者、尊い人）という意味。尊称で「釈尊」といいます。

◎パーリ語……ゴータマ・シッダッタ（pl.Gotama Siddhattha）

◎サンスクリット語……ガウタマ・シッダールタ（skt.Gautama Siddhārtha）

漢字音写……瞿曇 悉達多

＊ガウタマ（ゴータマ）は姓、シッダールタ（シッダッタ）は名で「目的に達す

る」という意味が込められています。基本的にガウタマ姓はバラモン階級の姓

といわれています。クシャトリヤ階級の釈迦族がバラモンの姓を持つことにつ

いては、祭祀関係に結びつく職掌を担っていたためと推測されます。

●釈尊の伝記、経典

釈尊の生涯は、釈尊の伝記を含めて、多くの仏典が漢訳され『大正新脩

大蔵 経 』（「大正」と省略します[3]。）に納められています。次に主な釈尊の伝記「仏伝」を述べる仏典を挙げます。

『仏所 行 讃』（大正、4 巻）

　＊『ブッダチャリタ』（skt.Buddhacarita）ともいわれています。

『仏本 行 経 』（大正、4 巻）

『仏本 行 集 経 』（大正、3 巻）

『過去現在因果 経 』（大正、3 巻）

『 長 阿含 経 』（大正、1 巻）

『大智度論』（大正、25 巻）

　これらはインド東北部から中国へ伝わった経典ですが、他にインド南部、東南アジアへ伝わった初期仏典があります。それらはパーリ語で記されており『南伝大蔵 経 』と呼ばれています。『ダンマパダ』『スッタニパータ』『ジャータカ』など（第 3 章、第 6 章参照）が有名です。

2、釈迦族

　ヒマラヤ山麓の南部地域のカピラ国に居住したアーリヤ系種族といわれています。仏典では、『雑阿含 経 』などに「日種」と表記され、釈迦族は太陽の子孫として伝えられています。

●カピラ国……釈迦族が統治した国
【カピラ城と行政形態】

　釈迦族の主な居住地は、カピラ国の**カピラヴァストゥ**（skt.Kapila-vastu、音写「迦毘羅婆蘇都」「迦毘羅衛国」、漢訳「迦毘羅城」「蒼住 城 」）と呼ばれ、インドとネパールの国境あたりでした。古代インドの一部の国に見られた専制王を持たず、部族の集会で選出された一族の首長が行政権を持つ国家でした。つまり、一種の部族集合による共和制政治を行う自治共同体であったと伝えられています。政治的にはコーサラ国の属国とされていました。

【生活風習】

　釈迦族は農耕生活を営み、牛を重要な労働力として稲作をしていたと考えられています。釈迦族が米を作っていたことは仏典からも見られ、釈尊の父「浄飯王」という名称も稲作に由来したと推測できます。このように釈迦族は、インド大陸に進出した遊牧民族から農耕民族へと移行して形成された民族であると推測されています。

　　＊仏教が日本の民族宗教「神道」と結びついた要因は、釈尊がカピラ国の支配者

　　　階級（王族）であり、太陽信仰と稲作祭祀を行う環境であったため、天皇を頂

　　　点とする日本の古代国家にも受け入れやすかったと考えられます。

【釈迦族・瞿曇（ゴータマ）氏系図】（『仏本行集経』『大智度論』説を参考）

大転輪王、小転輪王…甘庶王（skt.Okkāka mukha）―別成王―拘盧王―瞿拘盧
王（王子）―獅子頬王┬―浄飯王（skt.Śuddhodana）
　　　　　　　　　　│　　　　┌―――――悉達多太子（釈迦牟尼）
　　　　　　　　　　│　　　　│
　　　　　　　　　　├―摩耶夫人（skt.Māyā）┤―――――羅睺羅（skt.Rāhua）
　　　　　　　　　　│　　　　　　　　　　耶輸陀羅（skt.Yaśodharā）
　　　　　　　　　　├―白飯王
　　　　　　　　　　├―斛飯王┬―提婆達多（skt.Devadatta）
　　　　　　　　　　│　　　　└―阿難（skt.Ānanda）
　　　　　　　　　　├―甘露飯王―――阿那律（skt.Aniruddha）
　　　　　　　　　　└―甘露味女

3、釈迦八相

　一般的に釈尊の生涯は誕生から亡くなるまでの重要な出来事を8つに取りあげ、「釈迦八相」として述べられます。これに基づいて後世に取りあげられた8つの地域は「仏跡」という聖地になり、巡礼されるようになりました。そ

の区分は時代や仏典によって異なり、多くの説がありますが、主に次の 8 つ
をいいます。次章から釈尊の生涯を「釈迦八相」に基づいて説明していきます。

●「釈迦八相」釈尊の生涯を 8 つにまとめた用語

①降兜率天（前世譚）……釈尊が誕生する以前の前世の話。

②夢托　入　胎（托胎）……釈尊が母の胎内に生命を宿す話。

③降誕……釈尊の誕生と幼少期の話。

④出家……一般生活から離れ、宇宙の真理を探る修行の話。

⑤降魔……天魔を降伏させた話。

⑥成道……宇宙の真理を悟った話。

⑦初転法輪……初めて真理を人々へ伝えた話。

⑧大般涅槃……釈尊が亡くなった時の話。

　中でも、③の「降誕」した地「ルンビニー」、⑤⑥の「降魔」「成道」の地
「ブッダガヤ」、⑦の「初転法輪」の地「サールナート」、⑧「大般涅槃」の
地「クシナガラ」は仏教徒にとって重要な場所であるため、現在、その場所
は「四大仏跡」と呼ばれています。

　　＊降魔と成道を 1 つにして（同じ場所なため）、金棺出現、八分舎利（舎利八分
　　とも）を加えることもあります。

4、仏教の伝道形態と時代区分

　釈尊が生まれてから現在まで約 2500 年を経ています。その間に多くの人
によって、仏教が伝えられて来ました。やがて釈尊の教義が多様に解釈され
るようになります。当初インド北東・ネパール地域で起こった仏教は、そこ
から東西南北に伝えられるようになります（第 9 章、第 10 章参照）。

●伝道形態

　自然崇拝が主体の民族宗教と異なり、仏教は開祖がいる世界宗教（創唱宗

教）です。釈尊の死後、仏教も多くの弟子や信者によって各地に広められました。釈尊が活躍した地域から北の中央アジア方面へ広がり、日本へ伝わる仏教のルートを「北伝」。一方、南アジア、東南アジア方面へ伝わった仏教を「南伝」といいます。

●時代区分

仏教が各地へ広まると、その地域の文化に合う教義が取り入れられ、さらに釈尊の教義がいろいろな形で解釈をされるようになりました。それは時代と共に変化し、展開されていきます。時代区分については、いくつかの説がありますが、インドでの仏教は一般的に次のように時代区分されます。

①初期仏教（原始仏教）

釈尊在世（紀元前6、5世紀前後）から仏教徒が分裂し始める紀元前3世紀前後まで。＊本書では本章から第9章。

②部派仏教（アビダルマ仏教〈阿毘達磨仏教〉、上座部仏教）

釈尊在世から100〜200年の後、紀元前3世紀前後、アショーカ王がインドを統一する時代になると、釈尊の教えが多様に解釈され、仏教徒が分裂する時期。

＊本書では、第9章から第11章。現在、南、東南アジアの仏教は、主に「上座部仏教」、または「テーラワーダ仏教（Theravada-Budhism）」といわれています。アショーカ王がインド統一する時期にスリランカなどのインド南海方面へ仏教が伝来し、その信仰形態が残っていると考えられています。そのため「南伝仏教」とも呼ばれています（第9章、第10章参照）。

③大乗仏教

紀元前後1世紀に部派仏教の中の大衆部が成長して新たな仏教観を形成した時期、もしくは、在家信者（僧侶でない信者、第4章参照）の信仰が発展した時期。なお、大衆部の仏教徒側が上座部仏教側を「小乗」と呼ぶようになったといわれています。＊本書では第11章、第12章、第13章。

④密教

　　紀元後 5 世紀から 6 世紀にインドで現世を否定的にとらえる意識が緩和され、仏教も影響を受けます。仏教側が民間のヒンドゥー教の呪術的な信仰と融合して、信仰を保つようになります。経典で明確に説かれない仏陀の秘密の意義を説くタントリズム[4]の教義が起こりました（タントラ仏教）。密教が起こった地域は、ベンガルやカシミール説、南インド説などありますが、チベットや中国へ伝わったといいます。インドでは 13 世紀に仏教教団が滅亡しました。＊**本書では第 12 章。**

注

1　衆生は、「薩埵（さった）」「薩多（さった）」と漢字で音を当てはめられ、元来、「生命あるもの全て」をいい、前章で述べた輪廻を繰り返す全ての生命体を指した。中国では当初「蒼　生　（そうしょう（せい））」と訳されていたが、のち多くの経典に「衆　生（しゅじょう）」と訳された。7 世紀になると、中国僧玄奘は、インドと中国の生命観の相違から石や草木、山川などの意識や感情（心）を持たないものを「非　情（ひじょう）」、意識や感情（心）を持つものを「有　情（うじょう）」と訳した（第 14 章参照）。

2　真如は、元来「真実、真理」と同意義であり、あるがままの実態のこと。正しい真実は常の如く存在する意味が淵源。

3　『大正新脩大蔵経』は大正時代に仏教学者の高楠順次郎を中心として制作された漢訳仏典の総集書である。「大蔵経」は、別称として「一切経」とも呼ばれ、仏典すべての総称で、単一の経典ではない。世界遺産に登録された韓国の海印寺に保管されている高麗版大蔵経、及び黄檗山萬福寺（おうばくさんまんぷくじ）の版木を基盤として東大寺正倉院 聖 語蔵（しょうごぞう）など各地の漢訳仏典を調査校合して 17 字詰 29 行 3 段組、各巻約 1,000 ページに編纂された。正蔵（中国所伝）55 巻、続蔵（日本撰述）30 巻、別巻 15 巻（図像部 12 巻、昭和法宝総目録 3 巻）の全 100 巻から成り、漢訳の仏典集の最高峰と呼ばれている。

　　この仏典総集書は仏教関係の著述の参考文献として、「大正蔵」や「大正」「T」と略されることが多い。また、論文の註に引用される場合の表記について若干の形式があり、例えば、「T55-238b」とあるのは、『大正新脩大蔵経』の 55 巻の 238 ページ b 段の略であり、「大正 55、238、中」の表記と同じである。段の表記は上中下、もしくは abc の 2 つの形式がある。

4　ヒンドゥー教において女神になぞらえる女性的原動力「シャクティ」（性力）の教義を説く経典を「タントラ」といい、それに基づいた秘密の宗教形態を指す用語。

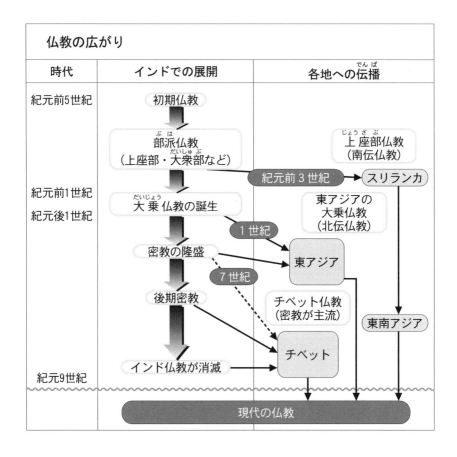

仏教の広がり

時代	インドでの展開	各地への伝播
紀元前5世紀	初期仏教	
	部派仏教 （上座部・大衆部など）	上座部仏教 （南伝仏教）
		紀元前3世紀 → スリランカ
紀元前1世紀 紀元後1世紀	大乗仏教の誕生	東アジアの 大乗仏教 （北伝仏教）
	密教の隆盛	1世紀 → 東アジア
	後期密教	7世紀
		チベット仏教 （密教が主流）
		東南アジア
	インド仏教が消滅 →	チベット
紀元9世紀		
	現代の仏教	

第3章

釈尊の生涯 II
—— 誕生と幼少期 ——

ネパール、ルンビニー園・摩耶堂、及び沐浴池

人間に生まれることは有り難い。
人間として生きていることは有り難い。
正しい教えを聞けるのは有り難い。
諸仏の出現は有り難い。 （『ダンマパダ』182）

【ねらい】
この章では、釈尊の誕生や子供の頃の話、成人後の話など、悟りを開く
前に過ごした一般生活について見ていきます。

1、前世

●降兜率天、夢托入胎

釈尊がこの世に出現する前は、天界の兜率天（本章『今昔物語集』参考）で菩薩の修行をしていました。菩薩は天界での生活の期限を知り、人間界へ下生（天界から人間界へ生まれ変わること）しました。その時に釈尊の母、摩耶夫人は白象が体内に入る夢を見ました。『長阿含経』に収められている『遊行経』に

は、「釈尊は兜率天から人間界へ輪廻転生し、お母様の胎内に入られました。その時、大地が震動し、そして、お母様の母胎で 10 ヶ月ほど龍が臥したように休まれた。」と述べられています。

●ジャータカ（本生譚、前世譚）

仏典には数多くの釈尊の前世の話があります。釈尊も悟りを開く前は、人間界や畜生界などで生まれ変わり（輪廻転生、第 1 章参照）をされていました。この釈尊の輪廻転生にまつわる前世の物語を「ジャータカ（skt.Jātaka）」もしくは「本生譚」といいます。次に代表的な物語と出典を挙げます。

＊このジャータカ物語は『イソップ物語』や『アラビアン・ナイト』にも影響を
与えたと考えられます。当然、日本の古典文学にも反映されています。

◎月のウサギ……『六度集経』『生経』、南伝大蔵経などの初期仏典。

猿・狐・ウサギの 3 匹が山の中で倒れている老人に出逢い、その老人を助けようと考えた。猿は木の実を集め、狐は魚を捕り、それぞれ老人に与えた。しかし、ウサギは何も採ってくることができなかった。それでも老人を助けたいと考えたウサギは、猿と狐に火を焚いてもらい、その火の中へ自ら飛び

込んだ。その姿を見た老人の正体は帝釈天という神様であり、ウサギの捨て身の慈悲を後世まで伝えるため、ウサギを月へと昇らせた。

◎雪山童子……『大般涅槃経』、南伝大蔵経などの仏典に登場する青年。

　昔、雪山（ヒマラヤ、第１章参照）に「雪山童子」という若い修行僧がいた。帝釈天は童子の修行の熱意を確かめようと、羅刹という悪鬼の姿に身を変えて雪山童子の前に立ち「諸行無常、是生滅法」（第８章参照）と唱えた。その言葉を聞いた雪山童子は、羅刹に残りの語句を教えてくれるように頼んだが、羅刹は雪山童子の血肉を自分に捧げたら、残りの語句を教えるという。そこで、童子は羅刹に語句を教えてくれたら、身体を捧げる約束をし、「生滅滅己　寂滅為楽」という語句を教えてもらった。童子は、すぐに、この言葉を山中の木や石に書き、羅刹に身を差し出した。すると、羅刹は帝釈天の姿に戻り、雪山童子が来世に仏と成ることを述べ、昇天して去っていった。

　＊この物語は法隆寺の玉虫厨子に描かれており、聖徳太子在世に「無常」という教えが日本へ伝わっていたと考えられます（口絵〈写真４〉参照）。

2、降誕

　釈尊は父、浄飯王（skt.Śuddhodana）と母、摩耶夫人（skt.Māyā）の子として４月８日に誕生しました。摩耶夫人が実家へ里帰りする途中に産気づかれ、近くのルンビニー園（skt.Lumbinivana）に立ち寄ってお産をしました。

　インドの南へ伝わった初期仏典（釈尊やその弟子が在世していた頃に近い時代に成立した経典）の１つ『ニダーナカター』（NK[1]）には「カピラ城とデーヴァ

ダハ城（摩耶夫人の実家）の間にルンビ
ニーという沙羅樹が茂る遊苑があり、摩
耶夫人は沙羅樹の枝を捉えたいと思った。
すると、沙羅樹の一枝が垂れて、妃の手
の方へ寄ってきた。妃は手を伸ばしてそ
の枝を捉えると、それと同時に産気を催
した。そこで幕で妃を囲み、大勢の者は
その場を退いた。沙羅の枝を捉えて立っ
たまま妃はお産をした。」と記しています。

　インドの北へ伝わった仏典『仏所行讃』には、「4月8日の清らかな雰囲
気の中で菩薩は右脇から生まれた」とあります。一方、同じ北伝の仏典『過
去現在因果経』には「2月8日、ルンビニー園に色と香りが素晴らしい無憂
樹があり、摩耶夫人が花枝を摘もうとして、右手を出した時に、菩薩が右脇
から生まれた」とあります。ここで挙げた3つの釈尊誕生の説話で伝承の違
いが2つ見られます。1つは釈尊の誕生日。「2月」と「4月」の説[2]があり
ます。もう1つが摩耶夫人が花枝を摘もうとした樹。「沙羅樹」と「無憂樹」
の説[3]があります。一般的には4月8日に摩耶夫人が無憂樹の下で釈尊を出
産したという説が知られています。

●天上天下唯我独尊

　釈尊は誕生後すぐに四方

（あるいは十方）に7歩進み、
「天上天下唯我独尊」と宣言
しました。『長阿含経』に収
められている「大本経」に
は「摩耶夫人の右脇から地に
堕ち、7歩進んで四方を見て、
手を挙げて「天上天下、唯だ

我は尊く、衆生の生老病死を救う」と言った」と記し、『根本説一切有部毘奈耶』「雑事」には、「釈尊が生まれたとき、釈尊が歩くところに帝釈天が蓮の花を置き、釈尊は7歩進み、四方を見て、手の指を上下に向け「是れ我の最後の生身であり、天上天下、唯だ我れ独り尊い」と語った」と述べられています。釈尊のいう唯我独尊とは、この世の中で、みんなそれぞれにかけがえのない尊い存在であり、かけがえのない尊い命であるということです。
　「自己中心」「傍若無人」という意味ではありません。

●予言

　アシタ仙人が王子が誕生したことを聞いて、釈尊の将来の吉凶を占いました。釈尊の身体に三十二相・八十種好[4]の特徴があったため、釈尊が転輪聖王[5]になるか、もしくは仏となるかを予言しました。

●母、摩耶夫人の他界

　摩耶夫人は釈尊を産んで7日後に崩御[6]されました。代わりに摩耶夫人の妹である叔母の摩訶波闍波提（skt.Mahāpajāpatī Gotamī）が乳母となり、釈尊を養育されました。南伝の『ニダーナカター』には「菩薩（釈尊）の宿られた母胎は祠の奥殿のようで、他の人がそれに宿ったり用いたりすることは出来ない。そのため、菩薩の母は、菩薩の誕生後7日目に亡くなり、兜率天に生まれるのである。」と記してあります。一方、北伝の『過去現在因果経』には「太子（釈尊）[7]が生まれて7日経って、母の命が終わった。太子を懐妊した功徳（幸せになる要素）が大きいために、忉利天に上生（人間から天界へ転生すること）した。」と伝えています。摩耶夫人の死後の世界が南伝と北伝で異なっていますが、日本の仏教では忉利天（本章末『今昔物語集』参照）に生まれ変わったと伝えられています。

●樹下観耕（種蒔祭り）

　釈尊は母と死別して、叔母に育てられました。当然、釈迦族の王になる後

継者の教育を受けます。釈尊が
12 歳の春を迎えたある日、カ
ピラヴァストゥ郊外の農地で父
王の催す種蒔祭（神々に五穀豊
穣を祈る祭典）が行われて、釈
尊も参列されました。王をはじ
め人々が祭事にいそしんでいま
したが、釈尊は 1 人でジャン

生命の無常

ブ（閻浮）の樹下の木蔭に端坐し、農夫が白牛に犂をつけて田を耕すのを眺
めておられました。すると、土の中から小さな虫が掘り出され、それを発見
した小鳥が飛んで来てそれをついばみ、その小鳥がさらに大きな猛禽（ワシ・
タカ等）に捕えられます。その光景を目にした釈尊は、弱肉強食の現実のあ
り様に、生命の逃れようのない悲惨な無常を観察し、大樹の下で初めて坐禅
をされたと多くの仏典に伝えられます。これが出家して悟りを開く動機となっ
たため、現在「樹下観耕」と呼ばれています。仏教の修行では釈尊の悟りへ
の発心（悟りを得たいという動機）として重要視されています。

●結婚・文武優秀

　釈尊は夏季・雨季・冬季の 3 つ（あるいは春夏秋冬の 4 つ）の季節に合わせ
た宮殿に住まわれました。浄飯王が親戚から女性を探して結婚をさせようと
します。婚約者の女性の名にはヤショーダラー（耶輸陀羅、skt.Yaśodharā）、ゴー
パー（skt.Gopā）等が知られています。第 1 妃はヤショーダラーと伝えられて
います。また、釈尊は武術を学ばないため、王族や臣下は心配しました。と
ころが、釈尊自身が弓術・角力（相撲）などにおいても優秀であることを人々
に知らしめました。例えば、『過去現在因果経』に伝わる立太子擁立[8]の説話
では従兄弟の提婆達多（skt.Devadatta）や難陀（skt.Nanda）たちと相撲や弓術
の腕前を競争し、勝った話が記されています。
　また、この話は別に御妃選びの説話としても伝わっています。従兄弟の提

婆達多は、釈尊の生涯において、この宮廷生活の競争説話より、釈尊のライバル的な存在として仏伝に登場します。のち、提婆達多は釈尊の弟子となりますが、仏教教団を分裂させる反逆者となります（第7章参照）。

『今昔物語集』巻一「釈迦如来、人界に宿り給へること語、第一」

　釈尊は人間界に生まれる前は兜率天に住む菩薩（天人）でした。天界は楽しみと美に満ちたところであります。しかし、天界もまた迷いの世界（輪廻転生する世界）である「六道」[9]の1つです。ある時、その天界で菩薩に天人五衰の相[10]が現れました。菩薩は他の天人にその相を指摘されましたが、「諸の行は皆、常ではない」といい、人間界で生まれる処を「迦毘羅衛国の浄飯王を父とし、摩耶夫人を母としよう」と決められました。

　そして、7月8日に摩耶夫人のお腹に入られました。その夜、夫人は六牙の白象が自分の右脇から体の中に入る夢をご覧になり、この夢を不思議に思った夫人は、王と共に善相婆羅門に尋ねました。彼は「生まれて来る子が出家すれば仏陀となり、出家しなければ、転輪聖王となる」と申し上げました。王夫妻は喜んで婆羅門に宝物を与えました。

　　＊この話は『今昔物語集』の一番初めの説話である釈迦八相の「降兜率天」
　　と「夢托入胎」の話。前段は兜率天から下生する話。釈尊が前世に兜率
　　天で生活しているのは釈尊の後に弥勒菩薩が昇天することを暗喩する。
　　ところで、天界でも寿命がある。織田信長が好んだ謡曲『敦盛』で謡わ
　　れているように天界で1番下の下天の1日は人間界の50年であり、寿命
　　は約500年という。天界で寿命を終える時「天人五衰」が現れる。
　　　特に注意すべきは、第1章で触れたように釈尊誕生前から「婆羅門」
　　が登場することである。これらは欲望の世界「六道（五趣）」の中で生ま
　　れ変わりする「輪廻」の思想、つまり、仏教は古代インドのバラモン教
　　の思想や哲学を持ちながら誕生しているということである。
　　　また、7月に受胎したことも、10か月後に生誕することを述べるため、
　　当時の人々が人間の受精から誕生期間を知っており、それに基づいた日
　　付というのも面白味がある。

『今昔物語集』巻一「釈迦如来、人界に生まれ給へること語、第二」

　今は昔、摩耶夫人が春の初めに嵐毘尼園（ルンビニー）の無憂樹の下に行かれました。夫人が右の手を挙げて樹の枝を引き取ろうとした時、右の脇の下から釈迦太子がお生まれになりました。その後、天人が太子を補佐して四方へ歩み、7歩進んで、衆生済度（この世の生命体を救う）の言葉を述べられました。この時に四天王[11]、梵天[12]、帝釈天[13]が歓喜して太子の周囲に控え、竜神が清浄の霊水を吐いて太子の身体に灌ぎました。そのお身体は金色で三十二相を備えておりました。そして、迦毘羅城で多くの人々に尊ばれました。

　ところが、太子が誕生されて7日後に夫人がお亡くなりになり、国王をはじめ国中が嘆き悲しみました。そこで、摩耶夫人の父は8番目の娘に太子の養育をさせることを決めました。摩耶夫人が亡くなったのち、忉利天[14]にお生まれになったと語り伝えられています。

　　＊この話は釈迦八相の「降誕」の話である。前段はルンビニー園で誕生する話。現在、寺院において釈尊誕生日は灌仏会として祝われ、誕生仏に甘茶を掛ける儀式が行われている。これは誕生の時に竜神が「甘露[15]の法雨」を降らせた伝説による。日本では、すでに仏教伝来当初から行われていた。『日本書紀』推古天皇14年条に各寺で4月8日に斎会が行われた記述があり、『元興寺縁起』には百済聖明王の奉献に「太子像並びに灌佛之器一具、及び仏起を説く書巻一筺」と記す。

　　後段は、摩耶夫人が亡くなり、叔母の摩訶波闍波提（マハー・プラジャーパティー）に養育され、摩耶夫人が天界に生まれ変わるという話。

注

1　「NK」は『ニダーナカター』(pl.Nidānakathā) の略称。南伝のジャータカの一種。

2　日本の仏教では、釈尊の誕生日「灌仏（降誕）会」を4月8日、悟りを開いた日「成道会」を12月8日、亡くなった日「涅槃会」を2月15日と定め、この3つは「三仏会」とされている。

3　日本の仏教界では誕生に関わった樹を「無憂樹」、悟りに関わった樹を「菩提樹」、亡くなる時（涅槃）に関わった樹を「沙羅樹」と定め、この3つは「三聖樹」と呼ぶ。

4　三十二相・八十種好とは、仏陀の身体の特徴。外見で明確にわかる三十二相と微細な特徴である八十種好を合わせた語。「相」と「好」をとって相好ともいう。そのため、相好は顔かたち・表情のこと。これに基づいて仏像、仏画が製作される。例えば、眉間に右巻の長い毛（白毫）や足の裏が平ら（偏平足）で模様（千幅輪）があるなど。

5　古代インドの理想的帝王のこと。単に転輪王または輪王ともいう。この王が世に現れるときには天の車輪が出現し、王が武力を用いずに全世界を平定するとされる。

6　「陛下」の尊称をつける人々が亡くなった時の敬称。

7　太子とは皇太子の略称で、天皇、国王などの後継者のこと。

8　天皇や国王の後継者である皇太子を決めること。

9　六道……欲の世界（欲界）の構成。地獄・餓鬼・畜生・修羅・人間・天上（五趣の場合は修羅を含まない）第1章参照。

10　天人五衰……①衣服が塵垢で汚れる。②頭上の花鬘（花の髪飾り）が萎む。③体臭が出る。④脇汗をかく。⑤自分のいる場所が多様に変わる。三島由紀夫の小説『豊饒の海』に用いられたことで有名。

11　四天王……6種の天界（六欲天）の第1。東西南北に住し、持国天・増長天・広目天・多聞天（毘沙門）の4天。

12　梵天……バラモン教の宇宙創造の神「ブラフマン（skt.brahman）」が仏教の宇宙神となった。

13　帝釈天……6種の天界（六欲天）の第2。忉利天の中心の善見城に居住する33天主。

14　忉利天……帝釈天を中心とする天界。33種の天神が居住。

15　甘露（skt.amṛta）はインドの神々が飲む甘い霊水で、ソーマ酒（ソーマという植物から作られる酒）と同一視される。

コラム【お釈迦様はインド人？　ネパール人？】

　一般的に釈尊はインド人と考えられていますが、実はネパール人かも知れません。何故ならば、釈尊がお生まれになったカピラヴァストゥがネパールにあった可能性が高いためです。古代インドの時代は現在のように国境はありません。つまり、20 世紀になって初めて釈迦族の暮らされた地にインドとネパールの国境が造られたのであって、古代に存在していなかったからです。発掘調査によりカピラの位置はインド領内とネパール領内の次の 2 つの地に絞られてきましたが、未だ定まっていません。

インド・ピプラハワの僧院跡

①ネパール領内、タラーイ地方
　（ルンビニーの北西約 20km）の
　ティラウラ・コット。

②①の南東 25km 近接するインド
　領内のピプラハワ一帯。

第4章

釈尊の生涯 Ⅲ
── 家庭と出家 ──

ビハール州ガヤ、スジャータ村から前正覚山を望む

葉の落ちたパーリチャッタ樹のように、
在家者の諸々のしるしを除き去って、
出家して袈裟の衣をまとい、
犀の角のようにただ独り歩め。 　　　　（『スッタニパータ』64「犀角経」）

【ねらい】

この章では、釈尊の「出家」の動機、結婚して子供の誕生による出家の苦悩と決心、そして、出家後の修行の内容について見ていき、出家の意義を考えます。

1、出家

　釈尊は、王宮では何一つ不自由のない裕福な生活を営んでいましたが、自分の心に憂鬱さを感じていました。そこで気分転換のために釈尊は王城の4つの門から外遊されます。その時、釈尊は4つの光景を見ました。この光景がきっかけとなり、釈尊は出家を決意されました。これを「出家踰城」といいます。

●四門出遊

　釈尊が出家した動機になった出来事を「四門出遊」といいます。この話は多くの仏典に伝えられています。カピラ城には東西南北の4つの門がありました。釈尊は最初に東門から出ましたが、老人と出会い、自分も将来は老いることを想像してしまい、気分を害されて城内へ戻られてしまいました。次に南門から外遊されましたが、病人に遭遇して気分が悪くなり城内に引き返されました。今度は西門から外出されました。しかし、今度は葬儀の列に鉢合わせてしまい、いつか自分も死んでしまうことを憂いてしまいました。そこで、日を改めて北門から外出しました。すると、今度は沙門（第1章参照）と出会って、世間の真理を悟ることに興味を抱かれ、出家を志すようになりました。

　　＊この四門出遊の出来事は、仏教の苦しみの根本原因「四苦」で説かれることになります（次章参照）。人間が生きていく上で苦しみは誰もが持っています。しかし、日常生活の中で人はそのような事実を常に考えていません。現実逃避せず、この事実に気付くことが、苦しみに縛られている心が解かれ、そのような生活から脱け出す始まりです。これを「苦からの解脱」といいます。

●羅睺羅（ラーフラ）の誕生

釈尊が出家の機会をうかがわれていた時、お妃に子供が生まれました。釈尊は愛する息子から別れてしまう苦しみを持ち、出家意志の妨げになってしまいました。そこで、釈尊は息子にラーフラ（skt.Rāfula）と名づけました。

> ＊漢訳ではラーフラを音写して「羅睺羅」と呼び、後に釈尊の弟子の１人となります。

【ラーフラ命名の問題】

一般的にラーフラは「束縛」「障り」「月を妨げている雲」「邪魔者」などの意味で解釈されていますが、もう１つ「祝福すべきもの」という意味もあり、命名の由来については、次の説があります。

①釈尊が出家を志した時、妃が懐妊した事を聞いて「我が破らねばならぬ障碍（ラーフラ）ができた」と言ったことから名づけられたという説。

②ヤショーダラー妃が子を産む時、月食があったことからラーフラと名付けられたという説。

③古代のインド語では、「ラーフ」はナーガ（竜）の頭を意味し、釈迦族の竜神信仰として名付けられた説。

> ＊古代インドの人生観では、跡取りが存在することによって出家が可能となるため、釈尊の出家もバラモン教の慣習に則ったものであったと考えられます。（後述の「四住期」参照）。また、父・浄飯王もこの「ラーフラ」命名を喜んでいますが、世子で跡取りである孫に「障碍」「邪魔者」という名がついて喜ぶのは不自然と思われます。普通に考えれば、３番目が妥当と思われます。

●剃髪

　ある満月の夜、釈尊は出家を決意されました。従者のチャンナ（skt.Channa　車匿）を伴い、馬のカンタカ（skt.Kanthaka）に乗ってカピラ城を出ました。そして、チャンナに冠などの装飾品を渡し、自分の剣で髪を剃り（剃髪）、最初の修行の師となる跋伽婆仙人の所へ向かわれました。

【出家年代の問題】

　釈尊が出家した年齢については、主に19歳と29歳の2説がありますが、29歳説が有力です。『過去現在因果経』では「我が年、已に一十九になり、今これ、2月7日」と記しており、『仏本行集経』では、剃髪して跋伽婆仙人の所へ行ったとき、仙人が釈尊の誕生の日に生えた金色の樹を指して「今、已に29年に到った」と述べ、仙人が植えた木が釈尊の年齢と同じであったことを記しています。

【古代インドの生活慣習】

　古代インドでは「四住期」という慣習がありました。「四住期」はアーシュラマ（skt.āsrama）と呼ばれ、バラモン教においては、バラモン教徒（シュードラを除く上位3つの種姓）が生涯で経る段階として設定されていました。釈尊も形式的には四住期の制度に則った出家であったと考えられます。

【古代インドの人生進路（四住期）】

①梵行期（学生期）……師匠「グル」（skt.Guru）のもとでヴェーダを学ぶ時期
②家住期……家庭にあって子をもうけ一家の祭式を主宰する時期
③林棲期（林住期）……森林に隠棲して修行する時期
④遊行期……一定の住所をもたず乞食遊行（一定のところではなく、いろい

サドゥー

ろなところで学ぶ）する時期

＊③、④が家庭から離れた生活となります。バラモ
ン教信者は、「四住期」（梵行期・家住期・林棲期・
遊行期）の一生が理想とされました。のちヒン
ドゥー教に展開した現在でも「サドゥー」と呼ば
れる放浪修行者がいます。

【出家と在家】

　「出家」（skt.pravrajyā）とは、一般的に自分の生家
や家庭から離れ、剃髪（髪を剃る）して修行することをいいます。バラモン
教以外の修行者はシュラマナ（沙門）と呼ばれ、バラモン教とは区別されて
いたようです（第1章参照）。古代インドの社会では、バラモンは、大罪を犯
しても殺されることはなく、死刑などの代わりに剃髪して追放されました。
つまり、剃髪するとは、バラモン社会から捨てられる生き方を行うことです。
したがって、釈尊は剃髪をすることで、自らバラモン社会とは異なる生き方
を求めたことになります。

　一方、剃髪をせず、家で世俗の生活をしながら、信仰することを「在家」
といいます。

　　＊のち、仏教は人間平等主義を説きます。つまり、剃髪することで、バラモン教
　　のカースト制を批判できるようになるのです。

　なお、「出家」から普通の家庭生活にもどることを「還俗」といいます。
また、別の表現では、釈尊が剃髪した伝承に基づき、出家することについて、
髪を落とし、装飾品などを捨てる意味で「落飾」とも呼ばれます。また、
それに対して、修行をやめて一般家庭の生活に戻ることを、再び髪を伸ばし、
装飾品を身に着ける意味から「復飾」といいます。

　　＊出家すると、世俗時の苗字や名前を捨てて、新たに出家者の名前（僧名）がつ
　　けられ、自分の親族の冠婚葬祭などの義務や財産相続・分与などの権利を放棄
　　することになります。

●仙人入門

釈尊は、3人（2人ともいう説もある）のアーチャリャ（skt.ācārya、音写「阿闍梨」、先生という意味）のもとで修行されました。しかし、満足できる修行の成果を得ることができませんでした。この先生方は、宇宙全体の世

ベナレスの沐浴風景

界で最上位の世界「無色界」の世界に到達することを目的としていました。古代インドにおいて宇宙全体の世界は3つに類され、これを「三界」といいます。

「三界」とは、「欲界」「色界」「無色界」の3つをいいます。私たちがいる人間界の他、天界などの「六道」の世界は「欲界」です。その三界の最上位は「無色界」です。さらに「無色界」は、次の4つの段階に区分されています（資料1、及び第5章参照）。

この最上位の世界観の境地（体験）を持つため、初めに釈尊は、跋伽婆仙人（skt.Bhaggava、或は skt.Vaśiṣtha）のところを訪れました。次に釈尊は、阿羅邏仙人（skt.Ālāra Kālāma）を訪問して無所有処定を得ましたが、これに満足しないで去られました。最後に釈尊は、弗多羅仙人（skt.Uddaka Rāmaputta）を訪問して、三界の最高位である非想非非想処定を体得しましたが、釈尊はこれに満足しないで去り、1人で苦行に入りました。

2、苦行

仙人たちの修行で悟りを得ることができない釈尊は、尼連禅河（skt.Nerañjarā）の東岸にある前正覚山へ行かれました。そこで、父の浄飯王が釈尊の補佐として派遣した5人の侍者と共に苦行をしました。

釈尊は出家してから6年の間、断食などの厳しい修行をしました。しかし、

苦行しても一向に納得できる真理を得られないため、再度、幼いころに感じた樹下観耕の禅定を想起し（第3章）、その理由を考えました。このときに、村の農夫の歌を聞き、結局、苦行しても死んでしまえば、役に立たないことを知り、食事を摂る決心をしました。ところが、父王の言い付けで共に苦行していた5人の侍者は、釈尊が苦行を断念したことに対し、修行全体を挫折したと思いました。そのため、釈尊を見捨てて去っていきました。一方、釈尊は食事の供養（施し）を受けるために前正覚山を降りて、山麓の村（現、スジャータ村）へ行きました。

　なお、釈尊の苦行について、『増一阿含経』などには「釈尊は極端な苦行をしようと思って、唯一粒の胡麻や米を摂って1日を過され、或は全く食を断たれることもあった。身体は骨と皮の状態であった」と述べています。

　　＊釈尊は「苦行」することによって、悟りを得ることができると思い込んでいました。しかし、「悟りを得る」という結果が出ないため、「苦行」を挫折したのではありません。あきらめたわけではなく、挫折して再度考え直したからこそ、悟りを得たとも考えられます。挫折ある人生を持つことも成仏することへの第一歩かも知れません。

【絃の喩】

　苦行しても一向に悟りを開けない釈尊は、修行中に地元の農夫の民謡を聞きました。

　　「琵琶の音　きつく締めれば絃が切れ　ゆるめれば絃が弛んで音がせぬ。」

　快楽主義でも苦行主義でもなく、「かたよらない、こだわらない、とらわれない」判断を持つ重要性に気付き、修行を再度やり直しされたといいます。

　これと同様な教義として『雑阿含経』に「琴弦の喩」という話があり、ソーナという比丘に対して「弦は、締め過ぎても、緩め過ぎても、いい音は出ない、程よく締められてこそいい音が出る、比丘（僧侶のこと）の修行に打ち込む姿もそうあるべきである」と説いています。

　　＊後に「中道」という仏教理論の基本になります。例えば、お風呂のお湯も熱す

ぎては入浴できず、冷たいと風邪を引いて
しまいます。ちょうど良い湯加減を判断す
ることが大切です。物事を投げやりで行う
ことや中途半端に判断するということでは
ありません。また、何でも中間な立場にす
る意味でもありません。

●スジャーターの供養（くよう）

　釈尊は苦行によって悟りを得ようとしましたが、結果が明らかにならない
ため、苦行を諦（あきら）めて、再度、新たな修行にチャレンジすることになりまし
た。痩せ細った釈尊に村の長者の娘、スジャーター（skt.Sujātā）（或はナンダ
バラ（skt.Nanda-balā）という牛飼いの娘の説がある）が特別に精製した乳粥（ちちがゆ）を提
供しました。釈尊は尼連禅河に入り、沐浴した後で、スジャーターから捧げ
られていた乳粥を召し上がられました。

　　＊スジャーターは古代インドの女性名で、「良い生い立ち、素性」を意味します。
　　　漢訳では善生。

【供養（くよう）】

　スジャーターは、飲食を供養した行為によって悟りを得ることができたた
め、釈尊の最後の供養者、純陀（じゅんだ）（チュンダ）（第8章参照）と共に2大供養者
として挙げられています（『大般涅槃
経』）。

　元来、供養は、プージャー（skt.p
ūjā）、もしくはプージャナー（skt.pū
janā）といい、原意は「奉仕するこ
と」「供え仕えること」を表し、修
行者の生活支援を行うことです。古
代インドのバラモン教では供物を

スジャーターの塚（ストゥーパー）

神々に直接ささげて礼拝し、祭祀
儀礼を中心に信仰していました。
また、先述した「サドゥー」など
の放浪修行者、バラモン教ではな
くとも出家求道者に対しても、施
しすることが敬意であり、幸福な
人生に繋がると考えられていまし
た。バラモン教の修行者の概念が

仏教に取り入れられ、相手に対する尊敬の念から香華飲食などを施し（布施）
する行為が「供養」となりました。

スジャータ村の風景（写真の女性の名も「スジャーター」）

『今昔物語集』巻一「悉達太子、城に在りて楽を受けたまふ語、第三」
『今昔物語集』巻一「悉達太子、城を出でて山に入りたまへる語、第四」
『今昔物語集』巻一「悉達太子、山に於いて苦行したまへる語、第五」

　この 3 つの説話は、釈尊が出家を決意して、城を出て、剃髪し修行する状況を記しています。

　はじめの第三の説話は、ヤショーダラー姫と結婚したものの、もの思いに耽（ふけ）る釈尊に対し、父王が城外を外遊させる、所謂（いわゆる）「四門出遊」の話。

　次の第四の説話は、出家するにあたり、城から出るときの話。釈尊が美しい妃や宮中の美女、息子との別れに悩み、そこへ天人が美女の形を不浄の姿の状態にさせ、釈尊の女性執着を無くしました。そして、チャンナ（車匿）を従わせ愛馬に乗って跋伽婆仙人の修行する森へ行き、剃髪した話です。

　最後の第五の説話は跋伽婆仙人など 3 人の仙人に従った修行の状況の話です。その内容は、釈尊が出家して有名な仙人の弟子となり修行し、6 年経って全てマスターしてしまっても真理を見つけることができません。そのため、苦行していても、死んでしまっては無意味であることに気付き、苦行を止めました。そして、修行していた山を下り、尼連禅河を渡り、「乳の麻米（まめ）」[1]の供養を受けられたところ、それを見ていた 5 人の修行僧が「釈尊は断食苦行を諦めた未熟者」として考え、釈尊と別れ、釈尊は一人「畢波羅樹（ひっぱらじゅ）」[2]の下に赴いたという話です。これらの説話は釈尊が仏教を樹立させるまでの問題提起の話であり、王族出身者の苦難の遍歴を語っています。

注

1　乳の麻米……乳糜をいい、乳で作った粥、つまり「クリームリゾット」のようなもの。

2　畢波羅樹……skt.Pippala。菩提樹の正式名称。クワ科の常緑高木。

コラム【スジャーターと乳粥】

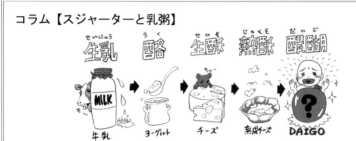

生乳　酪　生酥　熟酥　醍醐

牛乳　ヨーグルト　チーズ　熟成チーズ　DAIGO

　インドでは、牛は農耕を助ける動物であり、シヴァ神の乗り物、使者として、昔から大切にされています。そのため、ヒンドゥー教徒は牛肉を食べません。一方、神様の使いである牛の乳は、尊い飲み物とされてきました。乳製品は「生乳→酪→生酥→熟酥→醍醐」と精製され、ヨーグルト、バター、チーズは滋養補給によいとされています。その中でも「ラッシー」はインドの人気の乳飲料です。乳製品の中でも「醍醐」は乳製品で最高のものであり、最高の味を意味する「醍醐味」という言葉の由来になりました。

　このように乳製品は滋養補給に良いということから、苦行で体力を消耗した釈尊にスジャーターが供養したと思われます。『仏本行集経』には、釈尊が乳と蜜を加えた粥を召し上がったことが記されています。

　ところで、スジャーターと乳製品の関係は奥深いものですが、日本でもスジャーター（スジャータ）と聞いて乳製品の名前を思い浮かべる人が多いでしょう。1975 年、名古屋の乳製品会社「めいらく」が新商品の商品名を社内公募しました。その少し前、奈良薬師寺の高田好胤管長を講師として社内講演を行った際、聴講していた社員の一人が、高田管長の著書に記してあった「スジャーター」の逸話を元に応募し、当時の社長がその案を気に入って採用となりました。

第 5 章

釈尊の生涯Ⅳ
—— 成道 ——

ブッダガヤ　大塔

戦場において百万人に勝つよりも、唯だ 1 つの自己に克つ者こそ、じつに最上の
勝利者である。　　　　　　　　　　　　　　　　　　　（『ダンマパダ』103）

【ねらい】

この章では、釈尊と魔王の対立、そして、悟りを得た状況とその内容について見ていきます。

1、降魔

●降魔（ごうま）

　再度、新たな修行を始めた釈尊は、ブッダガヤの菩提樹の下に結跏趺坐[1]（けっかふざ）され、悟りを開くまで座を立たないと誓われました。その時、魔界の大王パーピマント（魔王波旬（まおうはじゅん）、skt.Māra Pāpimant）が現われ、釈尊の修行を妨げるため、暴力で脅迫し、色欲（しきよく）で誘惑しました。初期仏典には、天地を暴風激震させ、魔王の軍を出動させ、魔王の 3 人の美女で誘惑したと記されています。しかし、逆に魔王たちは釈尊に説き伏せられてしまいました。魔王が釈尊の悟りを妨害した理

釈尊が悟りを開いた場所
「金剛法座」（ブッダガヤ）

由については、『ニダーナカター』に次のような記述がみられます。

　「魔王波旬が『悉達太子（釈尊）は俺の領分を出ようとしている。だが彼を出させてたまるものか』と云い、魔軍を率き伴れてやって来た。」

　傍線部「俺の領分を出ようとしている」とは、欲界最高の地位にある他化（たけ）自在天（じざいてん）の支配する欲望を楽しむ世界から脱け出して、悟りの道を得ようとしたことを述べています。

【三界（さんがい）（欲界（よっかい）、色界（しきかい）、無色界（むしきかい）)】

　前章で述べたように、この世界（宇宙）は、「欲界」「色界」「無色界」の 3 つの世界で成り立っているといわれています。私たち人間は欲界に存在しています。欲界は「自分の都合どおりに生活する、欲望のままの生活を好む世

界」をいいます。

　欲界を詳しく分けると、釈尊在世の頃は「地獄、餓鬼、畜生、人間、天界（天神）」の「五趣」に区分していましたが、部派仏教や大乗仏教の時代になると「修羅」が加わり、「地獄、餓鬼、畜生、修羅、人間、天界（天神、天上界）」の「六道」と区分されるようになります。六道の最高位「天界」は六欲天といい、欲界の最上位であります。なお、色界、無色界もさらに細かく分けられています（資料1、及び第1章参照）。

【有頂天】

　「六欲天」は6段階あり、その最高位の第六天が「他化自在天」です[2]。もとは「他人の楽しみや喜びを化して（または、変えて、奪って）自分の快楽にできる」という意味でした。そこの住人を魔王、天魔ともいいます。つまり、私たちの世界「欲界」で最高位は「魔」なのです。

　一方、欲界を離れると、色界、無色界の世界へ到達します。色界は欲望に執着せず、禅定（心が動揺しない）を保つが、色（物質）と情（感覚）の世界から離れられないでいる世界です。「四禅」ともいい、4つの禅定の段階で区別されています。無色界は色の物質的世界からも離れ、精神世界のみ残った世界です。4つに分類され、その最高位を「非想非非想処」といいます。「非想非非想処」は、この世界の頂点であるため「有頂天」ともいいます。

●成道

　釈尊は悪魔の妨害を退け、再度、禅定に入られました。そして、暁に明星が現れたとき、釈尊は菩提樹下において悟りを得て、「仏陀」と成りました。このときの状態について、『長阿含経』「大本経」には「その時、

菩薩は十二因縁（後述）を観察して、真実を知り、真実を見終わった。このとき、座上で阿耨多羅三藐三菩提（第 2 章参照）を完成した」と記しています。この悟りを得た状況を「真実を知り、真実を見る」と表現し、このことを「如実知見」といいます。

＊つまり、悟りを得るためには、ものごとをありのままに、事実を事実として、ものごとの真相を正しく見極める「如実知見」が必要なのです。

● 梵天勧請

　釈尊は、樹の下で解脱した実感を 7 日間楽しまれました。この間も魔王は、悟りを開いた釈尊に対し「成道したから涅槃に入れ」と誘惑をしていましたが（『長阿含経』「遊行経」）、釈尊は食事もせず、解脱の喜びを感じておられました。雨が降った際には、ムチャリンダ龍王（skt.Mucalinda nāgarāja）が身を傘にして釈尊を守護しました（口絵〈写真 7〉）。49 日を経て、ようやく洗面や食事をしようという考えが浮かび、釈尊は食事をされましたが、体調を崩してしまいます。その折、天神が釈尊に呵梨勒果を献上しました。梵天は釈尊に対して、悟った真理を説いてほしいと願いましたが、釈尊は「悟った法は難解で、人々に判ってもらえるかどうか」とためらわれました。しかし、自分の悟りを理解してくれる人も必要であると思い直し、説法を決意されました。このことを「梵天勧請」といいます。

＊「勧請」とは、釈尊に法を説くことを勧め、この世に久しく居ることを請うことです。日本では神仏の霊を招いて奉安する意味で用いられています。この「梵天勧請」の場面では、仏陀となった釈尊に様々なバラモン教の神々が供養して守護します。特に梵天は神々の上に立つ最高神とされ、天地を初めとする

あらゆる宇宙の物を創造した神として崇拝されていました。つまり、仏教とインドの神々が共存、融合されているのです。このような「神仏習合」要素は、日本の宗教のみに見られる特徴ではありません。

２、初転法輪

釈尊が初めて仏法を説いたことを「初転法輪」といいます。「初めて仏の法輪が回転した」という意味です。また、仏教を弘めることを「転法輪」ともいいます。ここで、仏教教学の基本理念「中道」「十二因縁」「四諦・八正道」「三法印」を説かれたと伝えられています。

●鹿野苑（「サールナート」）

鹿野苑は初めて釈尊が説法された所です（口絵〈写真8〉）。通常、英語で「サールナート」と呼ばれ、「鹿が放し飼いされている園林（skt.Mṛgadāva）」という意味です。釈尊の時代から修行者が集う場所として知られています。現在は、バーラナシー（skt.Bārāṇasī・ベナレス）にあります。この鹿野苑があるバーラナシーは、ガンジス川の沐浴が行われるヒンドゥー教の聖地としても有名です。

鹿野苑全景

ところで、初期仏典によると、梵天が説教を勧めたとき、釈尊は最初に共に苦行した5人の出家者に説教を聞いても

らいたいと考えられました。釈尊は彼らが修行していた鹿野苑に行き、5人
の比丘に説法を試みました。しかし、彼らは釈尊が修行を放棄したと思い込
んでいたため、相手にしませんでした。ところが、釈尊が以前と異なる様子
であったので、次第に彼らは釈尊の話を受け入れるようになりました。

● 中道
　鹿野苑で釈尊は5人の比丘に苦行でも楽行でも、行き過ぎたものは適切で
はないと、中道（八正道）を説かれました。『中阿含経』「羅摩経」や『過去
現在因果経』には、5人の比丘に対して「偏った苦楽の2辺を捨てて、中道
を取り、8つの聖道を行う。そうすると、生老病死の患いから離れることが
でき、悟りを得ることができる」と語ったと記されています。
⇒「かたよらない・こだわらない・とらわれない」心。

● 四諦
四諦（苦しみに関する4つの真理）　①苦諦　②集諦　③滅諦　④道諦
　人生には必ず「生・老・病・死」の4つの大きな苦しみ（四大苦）があり
ます。さらに4つの感情的な苦しみを持ちます。苦しむ理由は自分中心の欲
求や感情、つまり「煩悩」が心にあるためです。
①愛別離苦……愛する者と別離すること
②怨憎会苦……怨み憎んでいる者に会うこと
③求不得苦……求める物が得られないこと
④五蘊盛苦[3]……（人間の肉体と精神）が思い通りにならないこと
《四苦八苦》

　　⇒四大苦＋四苦＝八苦

　＊ことわざ「四苦八苦」は苦労するという意味ですが、釈尊の教えが由来です。

【苦】
　仏教における苦とは、サンスクリット語で「ドゥッカ」（skt.duḥkha）とい

います。元来、「ドゥッカ」の「ドゥッ」（duh=dus）は、「悪い」という意味、「カ」（kha）は「空間」や「穴」という意味があり、「悪い空間」というような原義で、「不快」「不満」の意味です。思いどおりにならないことです。

【煩悩】(ぼんのう)

　苦の根源は、心に煩悩があるためといいます。一般的に煩悩は108種類あるといいますが、時代・部派・教派・宗派で異なり、その数は多種多様です。煩悩の概念は、釈尊入滅後に数百年経った時代の僧侶たちが整理しました。その基本は初期仏教の時代で抽象的に見られ、心の穢れを強調した教えが基盤となり、部派仏教の時代にさらに具体的に詳しく心が分析されるようになります。これらについては後で勃興する「倶舎・唯識」(くしゃ・ゆいしき)の教理で詳しく説きます（第13章参照）。

　煩悩についての例を挙げると、唯識思想では貪(とん)、瞋(じん)、痴(ち)、慢(まん)、疑(ぎ)、悪見(あっけん)を六大煩悩といい、これらを「根本煩悩」といいます（唯識思想以外では「五蓋」(ごがい)という5種類に区分する説もある[4]）。特に、この中でも悟りを妨げる強烈な煩悩として、貪、瞋、痴があり、特にこの3つは「三毒」と呼ばれています。

- **貪**（貪欲）(とんよく/むさぼ)……貪る心は、自我を中心に考えて欲望し、全て自分のものとして認識してしまう誤りの心。我愛(があい)とも解釈する場合もあります。
- **瞋**（瞋恚）(しんに)……怒り敵対する心。戦争を起こす原因。自分の意志に背くと自分を正当化して怒る心。
- **痴**（愚痴）(くち/ぐち)……我癡(がち)、無明ともいい、自分の都合に合わせて物事を把握してしまい、自分だけ見る心。世の事象に暗く、実体のないものをあると認

識してしまう心。

・慢（我慢）……他人と比較して自分を過剰評価して思い上がり、自分を頼みと人を侮るような心。差別を起こす原因。

・疑……真実に対して思い定めず、疑う心。自分以外は信じない心。

・悪見（邪見）……自分が正しいと認識して自己中心的に物事を把握する心。素直に見ず、曲がった見解を持つ心。不正見や我見ともいいます。

●十二因縁（十二縁起）

【十二因縁】（苦しみの原因と結果の流れを見る。苦しむ原理のプロセス）

　釈尊は「煩悩」と「苦」の因果関係をより明確に説明するために十二因縁を説かれました。十二因縁は十二縁起、十二支縁起ともいい、「苦しむ」という結果には「煩悩」という原因があること、つまり、苦悩の根源「無明」を見出し、その因果を結びつける関係性「縁」を説きます。つまり、全てのものごとは必ず「縁によって起こる（skt.pratītya-samutpāda）」という「縁起」を説かれました。この釈尊の成道のプロセスとなった十二因縁の観法は順観と逆観によることが説かれており、この迷いの構造を正しく知ることが悟りに至るとされます。

①無明……四諦や縁起の道理を知らないこと、無知。

②行……身体や言語、意識の行為、認識と生を形成する力。

③識……ものごとを分析、判断し、認識する作用。

④名色……肉体や物体、認識の対象とそれをとらえる心の働き。

⑤六処……六根とも[5]。眼・耳・鼻・舌・身・意識の器官。

⑥触……六処を通じて外のものに接触すること。

⑦受……感じ取ること。ものごとの受け取り方。

⑧愛……渇愛とも。自分の欲求に執着すること。

⑨取……執着。取捨選択した結果の行為。

⑩有……存在。

⑪生……生じること。発生。

⑫老死……変化と消滅。

●八正道

　釈尊は、悟るための基本となる修行を以下の8つの行いを説きました。

①正見＝正しい智慧、仏教の縁起や四諦についての智慧。

②正思惟＝正しい意志・決意。

③正語＝正しい言語行為。

④正業＝正しい身体的な行為。

⑤正命＝正しい生活、日々規則正しく健全な衣食住の生活を行うこと。

⑥正精進＝正しい努力、勇気。

⑦正念＝正しい意識、注意。

⑧正定＝正しい精神統一、安定。

『今昔物語集』巻一「天魔、菩薩の成道を妨げむと擬る語、第六」

『今昔物語集』巻一「菩薩、樹下に成道したまへる語、第七」

『今昔物語集』巻一「釈迦、五人の比丘の為に法を説きたまへる語、第八」

　第六から第八までの説話は、所謂「降魔」「成道」「初転法輪」の説話です。はじめの第六話は、釈尊が苦行を捨て、再度新たな修行を試みたとき、大魔王が悟りの妨害を試みる話。釈尊が「我、悟りを得るまで、永く此の座を立たない」と述べ、帝釈天などの諸天や天竜などの八部衆[6]の神々がその決意に歓喜しました。その時に第六天の魔王波旬は、釈尊が自分より上の世界に進み、自分を脅かすのではないかと考えました。そこで、魔王の3人の娘を釈尊へ送り、色仕掛けで妨害しました。すると、3人の美女は白髪、皺だらけの老女に変化しました。次に魔王は自分の天界を譲渡することを釈尊に話しましたが、釈尊は、魔王が欲界の最高天に生まれたのは前世に善行を修めたためであり、「最後は三途[7]に沈みて、そこから抜け出せない」と述べて断りました。ついに魔王は暴力で脅迫しましたが、天地が釈尊を擁護して悪魔が去ったと伝えられています。

　次の第七話は「降魔」のあと、静寂な夜中に禅定に入り、翌日未明に悟りを開いた時の話です。その後、釈尊が黙然として端座していると、大梵天王が来て「一切衆生（すべての生き物）の為に法を説き給え」といったため、釈尊は、まず阿羅邏仙人に説法を望みましたが、仙人が他界したことを知ったという内容です。

　最後の第八話は、釈尊が波羅奈国[8]へ行き、同じ苦行した5人の比丘に会い、初めて彼らに説法した話です。釈尊は彼らに「我、苦楽の二道を離れて、中道の修行によって、今、悟りを得ることができた」と述べ、5人の比丘に、苦集滅道の四諦を説きました。そして、5人の比丘は法眼浄[9]を得たと伝えられました。

＊『今昔物語集』の説話展開の特徴として、巻一から巻三までが釈尊の生存中の伝記を記す。その中で、釈迦八相中の七相（或は六相）が巻一の第一から第八に記されている。つまり、釈尊の80歳の生涯において35歳で悟りを開くまでの説話が巻一から巻八まで1つにまとまって収録され、天竺（インド）仏教史として、仏教の創始を述べている。

注

1　跏（足の裏）と趺（足の甲）を結ぶ坐法。右足を曲げて左モモにのせ、左足を曲げて右モモにのせる。片足のみのせることを「半跏（趺）坐」という。坐禅法。

2　『大智度論』巻9に「此の天は他の所化を奪いて自ら娯楽す、故に他化自在と言う。」とある。

3　色（skt.rūpa、物質的なるもの、肉体・物体）・受（感受作用）・想（認識の対象になるものが心の中に描かれたもの）・行（行動）・識（認識）の5つ「五蘊」が苦しみであること。

4　修行を邪魔する5つの煩悩、「5つの障害」の総称。欲貪蓋（むさぼり）、瞋恚蓋（いかり）、惛眠蓋（身心を落ち込ませた状態にさせることと、眠り込んだ状態にさせること）、掉悔蓋（心を浮動させる掉挙と心を悩ませる後悔）、疑蓋（疑い、ためらい）。

5　日本では修験道、神道（吉田神道、富士講）で「六根清浄」を説きます。

6　八部衆……天（Deva）、龍（Naga）、夜叉（Yaksa）、乾闥婆（Gandharva）、阿修羅（Asura）迦楼羅（Garuda）、緊那羅（Kimnara）、摩睺羅伽（Mahoraga）

7　三途……地獄、餓鬼、畜生、第1章参照。

8　現在のベナレス。

9　法眼浄……菩薩が衆生を救済する為に諸法を滞る所なく、広く見通すことが出来る浄い心の眼。

第6章

釈尊の生涯V
── 各国への布教 ──

祇園精舎沐浴池から西方浄土の夕日を望む

もし汝が、
〈賢明で協同し行儀正しい明敏な同伴者〉を得ないならば、
譬えば王が征服した国を捨て去るようにして、
犀の角のようにただ独り歩め。　　　　　（『ダンマパダ』46、「犀角経」）

【ねらい】
この章では、釈尊を慕った人々へ布教活動の様子について見ていきます。

1、各地への説法と国王の保護

　釈尊は鹿野苑（サールナート）で5人の比丘に説法したのち、各地へ説法の旅に出ました。そして、釈尊の教えに感銘を受けた人々は、弟子となって釈尊と共に活動するようになり、徐々に仏教教団が形成されていきました。それを支持する国王や民衆が教団に衣食住を提供（供養）しました。特にマガダ国とコーサラ国が仏教を保護したことは有名です。

●マガダ国

　釈尊は悟りを開く前にマガダ国王と出会ったことがあります。その時、釈尊は国王に悟った後にマガダ（skt.Magadha）を訪れる約束をしました。初期仏典などによると、鹿野苑からマガダ国へ到着した時に弟子は千人になっていたと伝えられています。マガダ国の首都・王舎城に入った釈尊をマガダ国のビンビサーラ王が訪ねました。そこで、王は釈尊を師であると思い、釈尊に帰依（後述）されました。早速、ビンビサーラ王は釈尊とその弟子たちのために修行場所として王舎城内に竹林精舎を寄進されたと伝えられています。

竹林精舎の沐浴地

【帰依・帰命】

　「帰依」とは、「帰命」ともいい、優れたものに帰投（委ね任せる）し、依存（信頼、依拠）することをいいます。つまり、自己の身心を捧げ、信じて順うことです。

王舎城城壁跡

【マガダ国について】

　釈尊在世の頃のマガダ国は、仏教以外にも様々な思想を持った新興宗教の修行者が多く居住していたと考えられています。そのため、ここで説かれたという経典が多く存在しております。中でも後世の日本仏教に大きな影響を与えた『法華経』や『無量寿経』が説かれたと伝えられており（第12章参照）、現在、法華信仰や浄土信仰の聖地として巡礼されています。

首都：王舎城（skt. Rājagrha）

寺院：竹林精舎（skt.Venuvana-vihāra）、霊鷲山（skt.Gṛdhrakūṭa-parvata）

当時の国王一族：

　国王、ビンビサーラ王（頻毘沙羅、skt.Bimbisāra）

　妃、ヴァイデーヒー（韋提希夫人、skt.Vaidehī）

　子、アジャータシャトル（阿闍世、skt.Kunika Ajātashatru）

霊鷲山のシンボル鷲岩

王舎城監獄跡

【阿闍世王】

　阿闍世王は、漢訳名で「未生怨」ともいい、ビンビサーラ（頻毘沙羅）王と舎衛国の王族の娘、ヴァイデーヒー（韋提希）夫人の間に生まれました。阿闍世の誕生前、父王が占術師に占わせると、阿闍世は将来に父王を殺害するとのお告げが出されました。その占いを信じた父王は、王舎城の高楼から息子の阿闍世を投げ捨てました。しかし、阿闍世は生存していたため、父王

ビンビサーラ王

アジャータシャトル
〈阿闍世〉
おうじせ

ヴァイデーヒー
〈韋提希夫人〉
いだいけぶにん

は殺害をあきらめました。その後、成長した阿闍世は自分の生い立ちを知り、釈尊に反逆して新教団を結成することを企んでいた提婆達多（次章参照）に唆され、彼と共に釈尊を迫害し、父王を牢獄へ幽閉しました。また母后が身体に蜜を塗って父王に施していた事を知ると、母も牢獄へ幽閉しました。そして、ついに父王は餓死されました。

　しかし、その後、即位した阿闍世王はその罪を悔います。悪瘡になり、激しい頭痛に苦しむ阿闍世王は、家臣の耆婆大臣の勧めにより、釈尊に相談しました。釈尊のアドバイスによって、悪瘡と頭痛が治まると、阿闍世王は早速、釈尊に帰依し、仏教教団を支援するようになりました。さらに釈尊の入滅後、王舎城に舎利塔を建立して供養し、隣国を征服して中インドを統一し、釈尊入滅後の第1仏典結集には、強力な支援者（檀越[1]）としてこれを保護したと伝えられています（第9章参照）。

　阿闍世王説話は『大般涅槃経』『観無量寿経』などに詳しく、「王舎城の悲劇」として紹介されています。

　　＊この阿闍世王説話は「阿闍世コンプレックス」という心理学における精神分析
　　　用語として使われています。この阿闍世の仏教説話を下敷きに提唱された概念
　　　です。

●コーサラ国

　釈尊が王舎城に居住していたとき、コーサラ国（skt.Kosāla）舎衛城の須達（多）長者（skt.Sudatta、給孤独長者）[2]が来られました。長者は仏陀が世に出られたと聞いて釈尊に会いに行き、帰依しました。須達長者は舎衛城での雨安居（雨季に僧侶が外出せずに教団施設内で籠り修行すること。後述。）を請い、釈尊は舎衛城に精舎を建立することを条件に承諾されました。釈尊は精舎建

設のために弟子の舎利弗を派遣されました。須達長者は祇陀太子の園林が精舎建設の場所として最もふさわしいと思い、太子に譲ってもらおうとお願いしたところ、太子は「長者が黄金で園林を敷き詰めた分だけ譲ろう」といいました。そこで長者は土地を買い取るため、園林に黄金を敷き詰めていきま

祇園精舎全景

した。太子はそれに感動し土地を譲りました。

　そして、その「祇陀太子の樹林園を給孤独長者が寄進した精舎（寺院）」という意味で「祇樹給孤独園精舎」と名付けられました。省略して「祇園精舎」と呼ばれます。祇園精舎が完成した後、釈尊はコーサラ国へ向かわれ、波斯匿王が祇園精舎に滞在中の釈尊を訪ね、釈尊に感銘を受けて帰依しました。

　＊祇園精舎建立の話は、長者夫妻が釈尊に随喜[3]して供養した功徳[4]によって長者になった話と共に『今昔物語集』巻一、第三十一話に所収されています。

【コーサラ国について】

　コーサラ国はインド北東地域に存在していた国であり、古代インドの十六大国の1つです。古代英雄コーサラ国のラーマ王子の伝説を記す『ラーマーヤナ』や「プラーナ文献」などに記述があります。釈尊の故郷であるカピラ国を属国にしていた大国でしたが、後にマガダ国の配下となりました。現在、サヘート・マヘート遺跡（Saheth、Maheth）が都のあった場所と推定されています。日本とインドの学術調査隊によって発掘調査が行われ、サヘート遺跡は祇園精舎、マヘート遺跡は舎衛城に当たると推測されています。釈尊はこの祇園精舎に約25年間滞在していたと考えられ、『阿含経』などの初期仏典や『阿弥陀経』は祇園精舎で説かれたと伝えられています。なお、日本では牛頭天王が祇園精舎の守護神であると伝えられています[5]。

首都：舎衛城（skt.Śrāvastī）

寺院：祇樹給孤独園精舎（skt.Jetavana-Anāthapiṇḍadasya-ārāma）

当時の国王一族：

　　国王、プラセーナジット王（波斯匿王、skt.Prasenajit）

　　妃、マリッカー（末利夫人、skt.Mallikā）

　　子、ジェータ（祇陀太子、skt.Jeta Kumāra）

　　　　ヴィドゥーダバ（瑠璃王、skt.Vidūḍabha）

　　　　シュリーマーラー（勝鬘夫人、skt.Śrīmālā）

＊コーサラ国の王族信者の特徴としては、末
利夫人と勝鬘夫人のように女性が真理の
追究をしていたことが挙げられます。男性
優位の当時の状況においては珍しいことで
した。『雑阿含経』には、マリッカー夫人
とプラセーナジット王との間で「自分自身
が一番愛しい」という問答があり、釈尊が
「それが正解であり、自分が一番愛しいか
らこそ、他人もそのように接しなさい」と

述べた教えがあります。また娘のシュリーマーラーは女性成仏を説いた『勝
鬘経』の主人公です。後世の日本では聖徳太子が推古天皇に『勝鬘経』を講
義したことが『日本書紀』に記載されています。

●毘舎離城（ヴァイシャーリー、skt.Vaiśālī）

　パトナ市北東80km。ヴァッジ国の首都であった商業都市。「吠舎離」とも
表記されます。リッチャヴィ族（離車族）の住んでいた地域で、自治制・共
和制がしかれ、通商貿易が盛んで、自由を掲げる雰囲気があったと推測され
ています。当時の代表的な商業都市であり、仏典にも数多くその名が見られ
ます。また、仏教教団自体にも強い影響を与えており、仏教僧団を意味する
「サンガ」（僧伽、後述）という言葉は、元々はこの地域に発生した商工業者

の同業組合や共和制を意味する言葉でした。その仕組みを仏教教団側が採用したことから、仏教僧団がこの名で呼ばれるようになったと考えられています。在家信者で悟りを得た「維摩居士(ゆいまこじ)」が居住していた都市として有名で(第7、12章参照)、この場所で釈尊が『維摩経(ゆいまきょう)』を説かれたことが伝え

ヴァイシャーリーのストゥーパと
アショーカ王石柱

られています。釈尊80歳の最後の雨安居(うあんご)(後述)の地であり、第2回仏典結集(BC377頃)の地でもあります。ジャイナ教開祖マハーヴィーラー(第1章参照)の出生地でもあります。

2、精舎(伽藍)誕生と雨安居

●精舎(しょうじゃ)

精舎は「ヴィハーラ」(skt.Vihāra)ともいわれ[6]、出家修行者が居住する寺院・僧院の異名です。精舎の意味は、元来、精進する修行者たちの舎宅を意味し、現在の大寺院のような立派な建物を意味するのではありませんでした。仏教修行者の集団組織を「サンガ」(skt.samgha)と呼び、仏塔や講堂、食堂(じきどう)[7]などの建物の施設を伽藍(がらん)と呼びます。後世に寺院、及び寺院の主要建物群を意味するようになりました。伽藍の語源は、サンガラーマ(skt.samghārāma)が「僧伽藍摩(そうがらんま)」の音写であり、「伽藍」と略されるようになりました。漢訳では「衆園」「僧園」などと表現されて

います。

　また、修行者の居住する場所を「阿蘭若」(skt.aranya) とも表現する場合が
あります。元来は人里から離れた地で修行に適した閑静な場所という意味で
したが、次第に僧侶の住む山間の小寺院を示すようになりました。

　なお、釈尊在世の代表的な精舎として、「祇園精舎」（コーサラ）、「竹林精
舎」（マガダ）、「大林精舎」（ヴァイシャーリー）、「霊鷲精舎」（マガダ）、「菴摩
羅樹園精舎」（ヴァイシャーリー）があり、これらは天竺五精舎といわれてい
ます。この時代の寺院は修行者たちの居住する場所であり、現在のような仏
像を礼拝する堂塔がメインではありませんでした。

●安居

　安居は雨安居、夏安居ともいいます。インドでは6〜10月頃に雨期となり、
河川が増水して、交通に障害が起こります。また、この時期は草木や虫がよ
く成長するため、むやみに外出すれば、虫や草木の芽を踏み潰して殺してし
まいます。そのため、洞窟や寺に籠り自分の修行に専念し、自分の修行の糧
とするために釈尊や高僧の教説、弟子同士の修行体験などを聴聞していまし
た。現在の夏期合宿のようなものであったと考えられます。

　また、安居中の食事は在家の信者が運び、修行者から説法を聞くことを習
いとしました。この安居のために集う居住場所が、先述した「精舎」であり、
寺院の始まりです。なお、安居の最終日には、参加者全員で反省する懺悔の
集会自恣「布薩」[8]が催され、在家信者が出家修行者に対して、色々な供養[9]
が行われました。集会が終わると修行者は各地へ出発し、布教や修行を始め
ました。後世、東アジアでは夏安居の最終日が7月15日と伝えられており、
この時の修行者に対する供養が、「お盆」の始まりといわれています（第14
章参照）。なお、安居の回数が僧侶の世界での経験を指すようになり（法臘と
いう）、その後の昇進の基準になるなど、非常に重要視されました。

3、初期仏典

　仏典の中でも比較的成立が古く、釈尊の教えに近いと考えられている経典を「初期仏典（原始仏典）」と呼びます。これらは、釈尊在世中に説かれたものが口承で伝えられ、仏滅後に集成されたと考えられますが、何回も編集される過程で、付加や削除が行われたため、全ての記述が釈尊の教義を正しく伝えているとは限りません。この初期仏典は『阿含経（あごんきょう）』とも呼ばれ、5種類あり、その中に大小の経典類が収められています。また、中でも次に紹介する『ダンマパダ』や『スッタニパータ』は代表的な初期仏典で、詩句形式で著されています。現在、形式的に完備している初期仏典としては、パーリ語で書かれた南伝仏教（上座部仏教、第2章参照）所伝のニカーヤが挙げられます。

【アーガマ（āgama『阿含経』）】

1.『ディーガ・ニカーヤ』（pl.dīgha-nikāya『長部』、漢訳『長阿含経（ちょうあごんきょう）』）

2.『マッジマ・ニカーヤ』（pl.majjhima-nikāya『中部』、漢訳『中阿含経（ちゅうあごんきょう）』）

3.『サンユッタ・ニカーヤ』（pl.samyutta-nikāya『相応部』、漢訳『雑阿含経（ぞうあごんきょう）』）

4.『アングッタラ・ニカーヤ』（pl.aguttara-nikāya『増支部』、漢訳『増一阿含経（ぞういつあごんきょう）』）

5.『クッダカ・ニカーヤ』（pl.khuddaka-nikāya『小部』、漢訳なし）＊但し、部分的に存在する

A、ダンマパダ（pl.Dhammapada『法句経（ほっくきょう）』）

『ダンマパダ』（1、2番）

　　ものごとは心にもとづき、心を主とし、心によってつくり出される。

　　もしも、汚れた心で話したり行ったりするならば、苦しみはその人に付き
　　従う。

　　……車をひく（牛）の足跡に車輪がついてゆくように。

　　ものごとは心にもとづき、心を主とし、心によってつくり出される。

もしも清らかな心で話したり行ったりするならば、福楽はその人に付き従う。

……影がそのからだから離れないように。

> ＊現存する最古級の仏典で一番初めに提唱される教説です。後の183番と結びつきますが、釈尊の教えは「心」を見つめなおすことが基本であると説きます。

『ダンマパダ』（182番）

人間に生まれることは有り難い。人間として生きていることは有り難い。正しい教えを聞けるのは有り難い。諸仏の出現は有り難い。

> ＊日本語の謝礼の言葉「ありがとう」の由来と言われています。

『ダンマパダ』（183番）

すべて悪しきことをなさず、善いことを行ない、自己の心を浄めること、……これが諸の仏の教えである。

> ＊一般的に『七仏通戒偈』と呼ばれています。日本ではこの語句が『日本書紀』（第23巻、舒明天皇条）にも表現され、道元や一休にも影響を与えました。

『ダンマパダ』（423番最後）

前世の生涯を知り、また天上と地獄とを見、生存を滅ぼしつくすに至って、直観智を完成した聖者、完成すべきことをすべて完成した人、かれをわれは「バラモン」と呼ぶ。

> ＊ここでの「バラモン」は、「梵志」、「梵者」と漢訳されます。バラモン教の祭祀者を指すのではなく、「バラモン」は、当時の身分制度で最上級であったため、理想の宗教者という意味で用いられています。

B、スッタニパータ（pl.Sutta Nipāta）

『スッタニパータ』（35番）

一切の生命に対する武器を下ろし、いかなる生命にも害を与えず、妻子も

友も要らずして、聖者は犀の角のごとく１人で歩む。

『スッタニパータ』（50番）

　五欲とはさまざまで、いろいろな美しい形をとり、人の心をかき回す。五欲の短所を見る聖者は犀の角のごとく１人で歩む。

　　＊『スッタニパータ』第１章の35番から75番の詩句は「聖者は犀の角のごとく１人で歩む。」で結ばれているため、『犀角経』とも呼ばれています。「犀の角のごとく孤独で歩む」という訳もありますが、「孤独」という表現では寂しい人生と誤解を受けます。人は生まれるときも死ぬときも１人です。結局、自己１人で人生を歩むのであり、他人に自分の人生の責任はありません。また、孤独の状態ではなく、必ず自分の周囲には「縁」が生じているからです。

『スッタニパータ』（650番）

　（人は）生れによって「バラモン」となるのではない。生れによって「バラモンならざる者」となるのでもない。行為によって「バラモン」なのである。行為によって「バラモンならざる者」なのである。

　　＊人権尊重、人種差別を否定し、人間平等を提唱する教説として有名です。

『今昔物語集』巻一「波斯匿王、阿闍世王と合戦せる語、第二十九」

　今は昔、天竺に2つの国がありました。舎衛国の波斯匿王と摩竭提国の阿闍世王は仲が悪い関係でした。波斯匿王は兵数が少ないため、3度の合戦で阿闍世王に敗戦しました。そこで、須達長者が波斯匿王に軍資金を用意して、波斯匿王の兵に財宝を与えたところ、それが噂となり、隣国から軍兵が集まりました。その後、阿闍世王は大勢の軍兵を率いて合戦をしましたが、摩竭提国側の陣が破られて、阿闍世王は捕えられました。阿闍世王を捕縛した波斯匿王は釈尊の元へ連れていき、「打ち首にせず、仇には恩をもって報いることこそ善政ですか」と聞きました。すると、釈尊は「善哉、善哉（よいかな、よいかな）[10]」と波斯匿王の寛容な態度を褒められました。そこで、阿闍世王を釈放し、彼は波斯匿王に恩を抱くようになりました。

　そうした中、波斯匿王は戦勝の功績がある須達長者に恩賞の有無を問いたところ、長者は7日間、舎衛国王となる願いを進言しました。波斯匿王は承知して長者に王位を譲位しました。長者は7日間の在位中に早速、「国内の人々の身分が上中下の人々が構わず、皆、釈尊を供養し奉って、戒を持つように」という宣旨[11]を出し、国民を仏教信者にする命令を下しました。そして、7日後に波斯匿王へ王位を返しました。この功績によって、釈尊は須達長者が来世に成仏することを説かれたといわれています。

注

1　壇越……檀那、旦那と同意義。修行中の生活を支援したり、伝道活動に協力したりする人（第1章参照）。

2　須達長者……skt.Sudatta・須達多、善施ともいい、孤独な貧者に食物などを施したので、給孤独（skt. Anathapindadasya）と呼ばれた。

3　随喜（ずいき）……五悔（懺悔、勧請、随喜、回向、発願）（ごけ・さんげ・えこう・ほつがん）の1つ。人の幸せや喜びを妬むのではなく、人の幸せや喜びを共に共感すること。

4　功徳（くどく）……現世、来世の幸福をもたらす善行。もしくは善行の結果を得た幸せ。

5　京都祇園祭で有名な八坂神社は、幕末まで「祇園社」と呼ばれ、祭神は牛頭天王。日本の高天原（たかまのはら）で破壊行為をした神スサノオとインドの破壊神シヴァ神が習合したものと考えられている。インドにおいて牛は神の使者として考えられ、また、シヴァ神の乗り物が牛のため、牛頭天王と名付けられたと推察される。

6　現在の「ヴィハーラ」、もしくは「ビハーラ」は、仏教の集団や施設に倣い、社会福祉や教育の活動や施設を示す場合がある。

7　「じきどう」と読むが、内容は「食堂（しょくどう）」と同じ。

8　毎月15日と30日、もしくは満月と新月の日に出家者（僧侶）が集まり、自己の罪や過ちを反省し、懺悔（さんげ）（仏陀や師匠の前で罪を告白し悔い改める）する集会。僧侶同士が互いに罪を告白しあうこともあった。日本では悔過法要や懺法（けか・さんぼう）という儀礼が伝わった。

9　供養（skt. Pūjā）……神仏や修行者に対して援助すること。この行為が死者に対応する功徳があるため、回向と同じ意味で用いられる（第4章参照）。

10　善哉、善哉……善哉（ぜんざい）という。善いこと、めでたいこと。甘党「善哉」の名称の由来。

11　天皇や国王の詔。天皇や国王のお言葉、もしくは、それを命令すること。

コラム【祇園精舎の鐘】

　『平家物語』の冒頭「祇園精舎の鐘の声、諸行無常の響きあり」は有名ですが、実は祇園精舎で鐘が撞（つ）かれていない説があります。

　初期仏典にも祇園精舎に鐘があった記述は見られません。祇園精舎の発掘は日本の関西大学名誉教授、故網干善教（あぼしよしのり）氏が昭和60年から本格的な発掘を行い、現在に至っていますが、未だに鐘楼遺構や鐘の遺物は発見されておりません。

しかし、2004年に日本の団体によって祇園精舎に鐘楼が建立されました。

第7章

釈尊の生涯VI
—— 信者と弟子たち ——

インドの農夫

悪い友と交わるな。卑しい人と交わるな。
善い友と交われ。尊い人と交われ。 　　　　　　　　（『ダンマパダ』78）

【ねらい】

この章では、釈尊と弟子との関係、そして、信者に対する説法の内容について見ていきます。

1、釈尊の弟子と一般信者

　釈尊が各地へ布教活動されると、弟子[1]や信者が増えていきます。その中で釈尊の直弟子（師匠と生活を共にして、直接に教えを受けた弟子）として「十大弟子」が挙げられます。釈尊入滅後には、釈尊の弟子が「十六羅漢」や「五百羅漢」として挙げられて行きました。一方、出家者を支持する在家信者も増えていきます。

【羅漢】

　サンスクリット語のアルハット（skt.arhat）の主格アルハン（arhan）が「阿羅漢」と音訳され、省略されて「羅漢」となりました。元来、アルハットは「人々から尊敬・布施をうける資格のある人」の意味です（第2章参照）。つまり、悟りを得た沙門、出家者を示しました。釈尊の直弟子のほとんどが阿羅漢の果報[2]「阿羅漢果」（悟りの成果）を得ました。のち、賓頭廬、周利槃特など（後述）の釈尊の弟子を16人にまとめて「十六羅漢」といい、釈尊が亡くなった後に仏典の編纂に関わった500人の弟子を「五百羅漢」として、中国や日本で信仰しました。後の上座部仏教においては、阿羅漢は仏弟子の到達する最高の階位とされています。

●釈迦十大弟子

　釈尊の代表的な弟子として、『維摩経』では主要な直弟子10人を挙げています。

①舎利弗（skt.Śāriputra）……智慧第一といわれ、『般若心経』では「舎利子」と記されます。元バラモン出身。
②目連（目犍連）（skt.Maudgalyāyana）……神通（超能力）第一といわれ、お盆の由来が記されている『盂蘭盆経』の主人公。元バラモン出身。
　＊舎利弗と目連は、釈尊の教団の最長老として、釈迦2大弟子と呼ばれています。

③大迦葉（skt.Mahā kaśyapa）……頭陀[3]（托鉢行[4]）第一といわれ、衣食住に
とらわれず、清貧な修行をしていたといいます。釈尊入滅後、仏教教団の
後継者として、仏典編纂時の第一結集の座長を行ったと伝えられています
（第9章参照）。元バラモン出身。

④須菩提（skt.Subhūti）……解空[5]第一といわれ、祇園精舎を建立した須達長者
の甥と伝えられています。元ヴァイシャ出身。

⑤富楼那（skt.Purna Maitrayani-putra)……説法第一といわれ、弁舌が達者で、
聴衆を引き付けたと伝えられています。元バラモン出身。

⑥迦旃延（skt.katyāyāna）……論議第一といわれ、子供の頃から聡明で、1度聞
いた講義の内容は忘れず良く理解したといわれています。インドの辺地に
住んでいたため、僧侶が少なく、出家する条件が整っていませんでした。
しかし、釈尊の計らいによって出家できるようになりました。出身はバラ
モン説とクシャトリヤ説があります。

⑦阿那律（skt.Aniruddha）……天眼第一といわれ、釈尊の従弟で阿難と一緒に
出家しました。釈尊の前で居眠りして叱責をうけ、眠らぬ誓いを立てた修
行によって、視力を失いました。しかし、その反面、世界の真理を見る眼
を得ることができました。元クシャトリヤ出身。

⑧優波離（skt.Upāli）……持律第一と呼ばれ、戒律を一番保っていました。も
と理髪師であったと伝えられています。彼は奴隷階級でしたが、階級制度
を否定する釈尊によって、出家した順序にしたがって、貴族出身の比丘の
兄弟子とされました。元シュードラ出身。

⑨羅睺羅（skt.Rāhula）……密行[6]第一といわれ、釈尊の息子です。釈尊が悟
りを得た後の帰郷の時に出家し、最初の沙弥（未成年で出家した者）[7]となり
ました。元クシャトリヤ出身。

⑩阿難（skt.Ānanda）……多聞第一と呼ばれ、釈尊の従弟で阿難陀とも呼ばれ
ます。出家して以来、釈尊の付き人を入滅までされました。釈尊入滅後、
最初の仏典を編纂したときは（第9章参照）、阿難の記憶に基づいて編纂さ
れました。元クシャトリヤ出身。

●その他の弟子

①提婆達多（skt.Devadatta）……釈尊の従兄といわれ、阿難の兄、或は釈尊の后、ヤショーダラー妃の兄弟と伝えられています。提婆達多は釈迦族の諸王子たちと共に釈尊の弟子となりました。しかし、神通力を得たのち、驕り高ぶるようになり、釈尊に対して反発的な意見を言うようになりました。特に教団の維持のため、彼は「五事の戒律」[8]を提案しましたが、釈尊に受け入れてもらえず、釈尊の教団を混乱させ、彼を中心とする新しい教団を建てました。さらに自分の教団を誇示するために阿闍世王を唆して、釈尊を抹殺する計画を企て、実行しました（前章参照）。しかし、未遂に終わり、彼は最も罪が重い「五逆罪」[9]の内、三悪罪を犯したため、地面が裂けて、生きながら無間地獄に落ちたと伝えられています。

②周梨槃特（skt.Cūḍpanthaka）……音写名「注荼半託迦」。一般的に「周利槃特」と言われています。兄の摩訶槃特は賢く聡明でしたが、弟の周利槃特は、釈尊の直弟子の中で一番愚かで能力が低かったと伝えられています。これを知った釈尊は、彼に1本の箒を与え、「塵を除かん、垢を除け」と唱えさせました。そして彼は精舎を清掃し、払い浄めました。彼はそれにより、塵や垢は人の煩悩と同じであることに気づき、自身の心の清浄を悟り、阿羅漢果を得たといいます。

③賓頭廬（skt.Piṇḍola Bhāradvāja）……十六羅漢の第一。悟りを得て、神通力（超能力）[10]を得たが、不用意に使用したため、釈尊に注意され、釈尊の入滅後の衆生の教化を命じられたと伝えられています。中国では像を食堂に安置して祀られています。日

賓頭廬尊者座像（三重・観菩提寺）

本ではこの像をなでると病気が治るとされ、なで仏の風習が広がり、日本の寺院では本堂の縁側に奉られています。

●一般信者

　出家者を後援して、仏教を信仰する在家信者を男性は優婆塞（うばそく）、女性は優婆夷（うばい）といいます（第10章参照）。経典に登場する釈尊の熱心な信者は、前章で登場した

スジャーターやビンビサーラ王、スダッタ（須達）長者など多くいますが、他に昔から日本でも知られた主要な信者をいくつか紹介します。

①維摩居士（ゆいまこじ）（skt.Vimala-kīrti）……「維摩」は毘摩羅詰（びまらきつ）と音写され、漢訳で浄名（じょうみょう）、無垢称（むくしょう）と呼ばれています。「居士」とは熱心に信仰する在家信者の別称です。彼の名は北伝の経典に見られ、南伝文献には見当たらないため、実際は架空の人物という説があります。一般的に彼はヴァイシャーリーの富豪で、金銭に執着せず、知識を見せつけず、謙虚であり、賭博場や色街などの世間で評判の悪い場所でも、気にせずに足を運んだといいます。また、富豪でありながら、「方丈（ほうじょう）」[11]という小さな住まいでした。彼は人間の生き様をありのままに生活する場で見つめ、そこで人間の正しい生き方を教えたと伝えられています。そのため、出家せず在家でありながら釈尊の弟子となりました。『維摩経』の主人公（第12章参照）で、聖徳太子が撰述したという『三経義疏』で紹介されました。元ヴァイシャ出身。

　＊維摩居士は大乗仏教や日本仏教にも文化的に大きな影響を与えました。『今昔物語集』巻三の第一話に記されています。

②勝鬘夫人（しょうまんぶにん）（skt.Śrīmālā）……クシャトリヤ出身。サンスクリット語の「シュリーマーラー」とは「素晴らしい花輪」という意味で、勝鬘はそれを漢訳した語。コーサラ国の波斯匿王と彼の妃である末利夫人の娘であり、阿踰闍（あゆじゃ）国王の妃。聡明な女性であり、父王の勧めで釈尊の信者となりました。

彼女は『勝鬘経』の主人公です。『勝鬘経』は、聖徳太子が日本初の女帝
として即位された推古天皇のために講義されました（第6章参照）。

③アンバパーリー（skt.Āmrapālī）……菴摩羅、菴没羅と音写され、漢訳で捺女、
奈女といわれています。ヴァイシャーリー城外のアンバ（マンゴー）樹林
の番人に育てられたので、アンバパーリー（アンバ林の番人の子）と呼ばれ
ました。アンバパーリーは、当時有名な絶世の美女で、歌舞、音楽も優れ
ているため、人気女優として舞台等で莫大な稼ぎを得ていたと伝えられて
います。釈尊に帰依し、その所有していた樹林を釈尊の教団に寄進し、菴
摩羅樹園精舎が建立されました。『維摩経』や『薬師瑠璃光如来本願功徳
経（薬師経）』がこの精舎で説かれたという伝承が残っています。『雑阿含
経』には、菴摩羅樹園精舎に彼女が来るのを見て、釈尊は弟子たちにその
美貌で心が揺れないように四念処（次章参照）を説いたと述べています。
後に出家して比丘尼（女性出家者）となりました。

２、信者への布教

●心の種まき

『雑阿含経』「耕田経」によると、釈尊はコーサラ国を遊行していた時、バ
ラモンの村を訪問されました。春の農繁期でバラモンは忙しいため、バラモ
ンは釈尊に施しをせず、むしろ、釈尊
自ら食物を作ることを勧めました。そ
こで、釈尊は「われも耕す」と答えら
れました。すると、農夫は「鋤も鍬も
持たずに何を耕している」と質問しま
した。釈尊は「私はあなたの心を耕し
ている。知恵はわが耕す鋤なり」と説
かれました。

●善き友

『雑阿含経』「半経」には
「善知識」について説かれ
ています。釈尊が釈迦族の
住む村に滞在していた時、
阿難が「善き師、善き友、
善き弟子（後輩）を有する
ことは、人生の修行の半ば

をなすのですか？」と釈尊に質問されました。釈尊は「善き師、善き友、善き弟子（後輩）を持つことは、聖なる修行の全てである。」とお答えになりました。

> ＊知識とは友人の意味で用いられ、善知識は勝友、善親友、知識などと訳され、「善い友人」ということです。正法（正しい真理の教え）を説いて人を導き入れ、仏道に精進させて解脱させる賢人、友人をいいます。のち、日本では同じ信仰を共有する仏教徒を意味し、奈良時代には行基の教団を示す語句になり、鎌倉時代以降の宗派では法主や師家を呼ぶ言葉となります。

●芥子の実の喩

『テーラガーター』（パーリ聖典、長老尼偈註）には次のような話があります。これに似た話は漢訳仏典『雑譬喩経』にも見られます。

裕福な家の若い嫁であったキサーゴータミーは、幼いわが子が死んだため、気が狂い、冷たい遺骸を抱いて町中を歩き、子供の病を治す者はいないかと尋ね回りました。この狂った女を救うこともできず、町の人びとは憐れみました。釈尊の信者が心配して、彼女に祇園精舎へ行き、釈尊にお会いするように勧めました。

彼女は早速、釈尊のもとへ子供を抱いて行きました。釈尊は静かにその様子を見て、「女よ、この子の病を治すには、芥子の実がいる。町に出て数粒もらってくるがよい。しかし、その芥子の実は、まだ1度も死者を出したこ

とのない家からもらってこ
なければならない。」と述
べられました。

　狂った母は、芥子の実を
求めに町に向かいました。
どの家にも芥子の実はあり
ましたが、死人の出ない家
はどこにもありませんでし
た。ついに死者を出さない
家庭から芥子の実を求めることができず、釈尊のもとへ戻りました。彼女は
釈尊の静かな姿に接し、自分だけが死の苦しみを背負っているのではないこ
とに気付き、初めて釈尊の言葉の意味を理解しました。そして、わが子の冷
たい遺骸を墓所におき、釈尊の弟子となりました。

　　＊キリスト教の話にも「死」について同じような話があります。しかし、イエス
　　は奇跡を起こして死人を生き返らせました。一方、仏教は奇跡を起こさず、智
　　慧を持って「死」の現実を見つめ直させました。基本的に仏教は「因（原因）」
　　「縁」「果（結果）」という因果論を以て説き、本来の仏教では奇跡を真実とし
　　て説きません。あくまで奇跡は「方便」[12]です。

『今昔物語集』巻一「鴦掘魔羅、仏の指を切れる語、第十六」

今は昔、天竺に鴦掘魔羅という人がおり、この人は指鬘比丘の弟子でした。彼は師から外道の法を師資相承[16]するために学んでいました。ある時、師匠に「汝、今日出でて、千人の指を切りて天神に祀りて、速やかに王位を得て、天下を治め、富貴を得よ」といわれ、実行することになりました。

アングリマーラの墓（舎衛国、祇園精舎）

しかし、最初に出会った人が釈尊でした。当時、釈尊は太子であり、王宮から出城したばかり。鴦掘魔羅は釈尊に王位を捨てて、出家する理由を伺いましたが、釈尊は哀れに思い、指をお与えになりました。鴦掘魔羅は慈悲心が生じて、過ちを悔い、外道を捨てて仏道を修めたと語り伝えられました。

＊鴦掘魔羅……アングリマーラ（pl.Angulimāla）、指鬘外道（比丘）、央掘摩羅という。『今昔物語集』では指鬘比丘は鴦掘魔羅と別人にしている。他の仏典説話と類似しているが、異なっている点も多い。

仏典では次のような内容である。鴦掘魔羅は青少年のとき、摩尼跋陀婆羅門に師事した。或る時、彼は美少年のため、師の不在中に師匠夫人に肉体関係を求められたが、彼は夫人の性的誘惑を拒否した。しかし、夫人は自分の肉体を辱しめられたと思い、師匠（主人）が帰宅した時間を見計らい、自らの衣服を乱し、主人に鴦掘魔羅に強姦されたと虚偽を言った。怒った師匠は鴦掘魔羅に対して、諸国を周って修行しながら、1000人を迫害して指を切り落とし、1000人の指で鬘を作り帰還したら、特別に奥義を伝授するといって、家を去らせた。

その後、彼は師匠の指示に従って、本願を遂げるため、人々を迫害殺戮して、指を集めた。ちょうど、1000人目に母が止めに来たが、その現場に釈尊が居合わせた。1000人目の指で鴦掘魔羅の本願が叶うため、母

を殺戮しようとするが、釈尊に説き伏せられ、邪道を捨てて、釈尊の弟
子となったという。「千人切りの悲願」の原型と考えられ、仏典によって
は鴦掘魔羅が橋でその行為を実践していたが、1000人目に釈尊が渡り、
説き伏せられたとする伝承もある。これは、まさしく源義経（牛若丸）
と弁慶の五条橋での出会いの説話と同様であろう。

注

1　師匠（先生）について、学問や技芸の教えを受ける人。門人、門弟、徒弟ともいう。

2　阿羅漢になると、真理を観察して迷いを断ち、悟りを得て、神通力を持つという。果報とは異熟ともいい、過去の行為によって、未来で受ける結果をいう。

3　頭陀……サンスクリット語のドゥータ（skt.dhūta）の音写であり、煩悩を「洗い流すこと」「除き去ること」が語源。修行者が食を乞いながら野宿などして各地を巡り歩き、最小限度の衣食住を保つ生活を行うこと。

4　托鉢……インド全般の宗教修行の形態。家々を巡り、生活に必要な最低限の食糧などを求め、食を乞うこと。街を歩き、街の辻に立って行うこともある。一種の布施（施し、めぐむこと）行として、信者に功徳を積ませる修行。

5　「解空」とは、空を解くことである。元来、空はサンスクリット語のシューニャ（skt.śūnya）を漢訳した語であり、動詞の√śūna から発展し、「欠いていること」が語源。原始仏典において、欠如と残るものとの両者が重なって「空」が説かれている。

6　「密行」は現在使われている秘密的な意味と違い、教団の規則を緻密に守り、親密な修行をすること。

7　剃髪し、初心者の戒を受けた男子。修行未熟な僧もいう。

8　人里離れた山や森林で生活し、街で生活することを禁止。托鉢をする場合に、供養者の家で接待を受けることを禁止。糞掃衣（粗末な衣類）を着用し、俗人の着物を着れば罪とする。瞑想は森林ですべきであり、屋内で行うことは禁止。肉、乳酪、塩の摂取の禁止。

9　(1) 母を殺すこと。(2) 父を殺すこと。(3) 僧を殺すこと。(4) 仏の身体を傷つけること。(5) 教団の和合一致を破壊すること。提婆達多は (3)(4)(5) の 3 つの罪を犯した。

10　人間の力を超えた自由自在な超能力をいう。仏教では「六通」ともいい、「通」には「自在に発揮できる力、進んでいる力」という意味もあり、次の 6 つを示す。①天眼通…世の中の事象を自由自在に見通す力。②天耳通…遠くにいても世間の音声を悉く聞ける力。③他心通…他人の心の中をすべて読み取る力。④宿命通…自分や他人の前世の生存の状態を悉く知る力。⑤神足通…思いどおりの場所に行き、思いどおりに姿を変え、思いどおりに外界のものを変えることのできる力。⑥漏尽通…煩悩を打ち消して悟りの境地を知る力。最後の漏尽通を入れずに「五通」をいう場合もある。

11　方丈……4 方が 1 丈（約 3m）の面積。和室 4 畳半よりやや大きめの面積（1.1 倍）。方丈の建物は簡単に構築でき、また簡単に解体する事ができ、1 人で生活する空間として適切であったため、僧侶や隠遁者、茶室に好まれた。鴨長明『方丈記』の題名の由来。仏教では維摩居士が諸仏諸菩薩を集わせた部屋として寺の住職の居室の別称となった。

12　一般人が仏教を理解することや実践することは難しい。そのため、彼らを教え導き、仏教に親しみ、悟りの道へ到達させるために考案された巧みな手段を「方便」（skt.upāya）という。大乗仏教では、さまざまな方便が語られ、『法華経』『維摩経』の「方便品」は有

名である。後世に日本では俗語に転化し、「嘘も方便」ということわざとなり、自分の都
合の良い目的に対して便宜的な手段を意味し、自分を正当化する場合に用いられ、必ずし
も良い用語とはいえない場合がある。

13　師資相承……師より弟子へ学術や技術を伝授していくこと。

コラム【ミョウガ「茗荷」】

　夏が旬の野菜として有名なミョウガ。独特の香りや紅色の色彩が好まれ、薬味、天ぷらや酢の物、みそ汁の具などの食材としても用いられています。

　ところで、茗荷を食べると物忘れをしやすくなるという俗信は周利槃特の逸話が由来と言われています。周利槃特は自分の名前も覚えられずに、名前の書いた看板（名荷・みょうが）を付けていたといわれ、彼の墓から生えてきた植物の名を茗荷としたという説が生まれました。

　＊注意！！　実際はミョウガを食べても暗記能力に障害は起こりません。

第8章

釈尊の生涯Ⅶ

── 最後の旅路 ──

クシナガラの涅槃堂で参拝する人々

そしむことを楽しみ、放逸におそれをいだく修行僧は、
堕落するはずはなく、すでにニルヴァーナの近くにいる。　（『ダンマパダ』32）

【ねらい】

この章では、釈尊の晩年の説法と臨終を学びます。

1、涅槃 ── 釈尊、最後の旅 ──

●最後の旅路

『長阿含経』「遊行経」によると、釈
尊は王舎城を出発し、ヴァイシャー
リーの近郊の村で最後の雨安居に入り
ました。年齢が 80 歳となり、老い衰
えたと慨嘆（がいたん）された時、魔王波旬（第 5
章参照）が早く入滅することを迫（せま）り、
釈尊は 3 ヶ月後に涅槃（後述）するこ
とを決心されました。そして、阿難た

釈尊の鉢を納めたとされる
ケーサリヤのストゥーパ

ち随行者や比丘らを集めさせて入滅することを宣言されました。

● 純陀（じゅんだ）の供養

ヴァイシャーリーを出発し、北へ向かわれた釈尊は、途中、鍛冶工のチュ
ンダ（純陀、skt.Cunda）が供養したスーカラ・マダヴァ（skt.Sūkaramadhava）
を召し上がりました。その後、激しい腹痛に襲われました。

＊釈尊が亡くなる前の最後に召し上がった「スーカラ・マダヴァ」について、ど
の食品であったのかは明らかではありません。「スーカラ」は豚で「マダヴァ」
は「柔らかい」という意味のため、訳せば「柔らかい豚」となります。この意
味については下記の①、②のように諸説あります。なお、仏典では排出物から
血が出ていた記録もあり、釈尊は赤痢だった可能性も指摘されています。

①豚肉食中毒説。そうすると、僧侶の肉食ということになります。初期仏教は肉
食を全面的には禁じていません。僧侶の肉食が全面禁止になったのは、むしろ
大乗仏教、特に中国仏教になってからです。「三種浄肉」という考え方が『四
分律』『大般涅槃経（だいはつねはんぎょう）』に記され、托鉢のとき、受けても良い場合として自らが
戒律中の五戒の不殺生戒を犯さない布施の場合は肉食してよいという次の 3 つ
の規定を作りました。この 3 種については幾つかの説があります。『四分律』

の場合、(1) 殺されるところを見ていない。(2) 自分に供養するために殺したと聞いていない。(3) 自分に供養するために殺したとの疑いがない。と規定します。

②キノコ食中毒説。三大珍味の1つとされるトリュフというキノコは、豚が地面に鼻を擦りつけながら探します。その豚のイメージと重なるため、その類のキノコの名前の可能性が考えられています。

●涅槃

病に倒れた釈尊は、クシナガラ（拘尸那掲羅）の沙羅林の双樹の下で床に臥されました。そこで、最後の説法をされた後、禅定（第5章参照）を順次に楽しみ、入滅（この世〈煩悩の世界〉からの消滅）[1]されました。

【涅槃】

涅槃（skt.Nirvāna）は、「泥曰」「泥洹」と音写され、漢訳で「円寂」「大円寂」と記されます。サンスクリット語ニルヴァーナの原

NEHAN

義は「(煩悩)の火を吹き消した状態」を意味します。極論的な表現かも知れないですが「心と身体が安楽する」状態が「涅槃」の状態ということです。この「涅槃」を説く仏典に『涅槃経』があります。釈尊の最後の言葉として、重要な真理が説かれていると考えられ、初期仏教の段階から大乗仏教に至るまで幾種類か編纂されました。その中で主なものを次に挙げます。

◎『大般涅槃経』

skt.Mahā-pari-nirvāna-sūtra

pl.Mahā-parinibbāna-suttanta

『長阿含経』「遊行経」……初期仏典

『仏垂般涅槃略説教誡経』（別称『遺教経』）……初期から大乗仏典

『大般泥洹 経 』『大般涅槃経』……大乗仏典

【釈尊が涅槃に求める意義】

　涅槃の解釈は釈尊が入滅した後、各時代の僧たちによって様々に展開していきます。初期仏教の段階では、人間が認識する事象は大きく分けると４つの顚倒（逆さまに倒れている様子）「 常 楽我 浄 」があることを説いています。

すなわち、人間は、

　　①世界は常に永遠である。「常」

　　②なんでも楽しい。「楽」

　　③自分だけ。自分本位（自己中心）。「我」

　　④世の中は清浄。「浄」

という「四顚倒」の認識を心の深層に持っているといいます。しかし、真実を悟った人の視点から見ると、

〈自己虫〉　〈自分茸〉

　　①世の中は無常である。

　　②世の中は苦しみが必ずある。

　　③世の中は永遠に存在する主体や自己は無い。

　　④世の中は煩悩に汚されて不浄である。

と見えます。

　また、後の部派仏教時代になると、釈尊の生前中は人間仏陀として、有漏（煩悩がある）の世界におり、釈尊は亡くなる前に腹痛の病で苦しんだため、釈尊生存中の悟りの状態を「有余涅槃」といいます。入滅された後は、肉体で苦しむことがなく、煩悩の人間界に存在しなくなったという意味で「無余（無漏）涅槃」と区別されるようになりました（第10章参照）。

煩悩（迷い・悩み）がある世界「有余（有漏、有為）」

　　⇔煩悩（迷い・悩み）が無い世界「無余（無漏、無為）」

　　＊「有為」については、「いろは歌」と関連します（後述）。

【釈尊の遺言】

　病が悪化し、危篤状態の釈尊は、弟子たちに囲まれ、枕を北にして右に顔を出して横向きに休まれました。釈尊は弟子たちに次の言葉を残して入滅されたといわれています。

「法を依りどころとし（法帰依）、自らを依りどころとせよ（自帰依）」
（自灯明・法灯明）

「すべてのものはやがて滅びるものである。汝等は怠らず努めなさい」
（不放逸、諸行無常）

　　＊私たちは人間界という欲界の中で生きています。人間界において釈尊自身の肉

　　　体も無常でした。結局、真実に気付き、真理を悟るのは、誰でもない、自分自

　　　身一人の責任と努力ということです。

２、三法印（四法印）

　身心が安らかにならず、涅槃の妨げになる四顛倒の状態から脱却するため、

どのように真実を見るのかとい
う解釈は、後世の仏教の教学に
おいて「三法印」、或は「一切
皆苦」を入れて「四法印」とし
てまとめられました。

①諸行無常

　この世の存在はすべて、姿も本質も常に流動し、変化するものであり、一瞬でも存在を保持することができないという無常観を考えます。

　　＊日本では「いろは歌」によって「諸行無常」の教えを学びました。また、この

　　　語句は『平家物語』「祇園精舎の鐘の声」の句として有名です。

色はにほへど　散りぬるを　（色（形あるもの）欲は散ってゆく）

我が世たれぞ　常ならむ　　（私たちの人間界は、無常だ）

有為の奥山　　今日越えて（有為（煩悩がある世界）を今越えると）

浅き夢見じ　　酔ひもせず（夢幻を見ず、浮かれることもない）

②諸法無我

すべての存在には、主体とも呼べる「我」が無いことをいいます。有為の主体として、恒常・不変の自我が実在すると考え、それに執着することを否定します。近年では「無我」より「非我」と表現した方が理解しやすいという説があります。「無我」に関して、後世では多様な解釈が生まれます（第 13 章参照）。

　＊無我（初期仏教）⇒人無我・法有我（部派仏教）⇒人無我・法無我（大乗仏教）
　　となりますが、全体的な解釈は「無我＝空」を前提とします。

③涅槃寂静

煩悩を全て消滅させ、苦しみから解き放たれ、安らかな心となった境地。

④一切皆苦

釈尊が説いた「苦」は哲学的です。現代語の「苦」と同じではありません。「この世は一切が皆〈苦〉である」と聞けば、日本語の「苦」を思い浮かべて、悲愴感を思う人が多いのではないでしょうか。第 5 章で述べたように仏教における苦とは、元来、「悪い空間」というような原義で、「不快」「不満」の意味でした。それを中国で「苦」と漢訳されたのです。

そのため、初期仏教では、「苦しい事」の他、「虚しい事」、「不完全である事」を指す言葉でした。つまり、仏教が示す「苦」は、「自分の思い通りにならない結果、不平不満」という意味です。「世の中は全て苦」というと、悲観的に感じますが、自分では「どうにもならないこと」を「どうにかしたい、どうにかしよう」と思うと、結果的に現代の感覚の「苦」になります。そのために、釈尊は次の 4 つの認識「四念処」を持つことを説きました。

【四念処】

　四念処とは、身念処、受念処、心念処、法念処をいいます。煩悩の原因（四顛倒）であり、この生まれつき持っている間違った見方（自我意識、自己中心的見解）をリセットし、正しい見方に転換する修行のことです。

①身念処……身体の構成や動作、その過程を観察すること。

②受念処……心に生じる欲望、怒りなどの苦楽を受けて感じ、苦楽でもない感受を観察すること。

③心念処……心に生じる欲望、怒りの状態を観察すること。

④法念処……五蘊（眼・耳・鼻・舌・身体の5つの器官）の現象やそれにともない誰にでも生じる煩悩などを観察すること。

　＊この「四念処」の修行は、上座部仏教（テーラワーダ）で日常的に実践されています。これらは機能的な観点から、「ヴィパシャナー、もしくはヴィパッサナー瞑想（skt.Vipaśyanā、pl.vipassanā）」「シャマタ、もしくはサマタ瞑想（skt.Śamatha、pl.samatha）」の2つに分かれました。シャマタ瞑想は、集中力を高めて「三昧」「禅定」と呼ばれる迷いのない境地に至る修練法で、漢訳仏典では「止」と訳されます。「ヴィパシャナー瞑想」は「気づきの瞑想」ともいわれ、漢訳で「観」と訳されました。シャマタとヴィパシャナーの2つを合わせて「止観」といいます。

2、葬儀と分骨

仏典によると、釈尊は火葬され、遺骨が分配されたと説かれています。

●火葬

釈尊の遺言にしたがって、クシナガラの人々は遺体を祀り、荼毘[2]に付そ

うとしました。しかし、火がつきません。弟子の大迦
葉が到着すると自然に火がつき、火葬が行われました。
沙羅双樹の花葉は白く枯れてしまい、鶴の羽のように
なりました（口絵〈写真9〉「釈迦涅槃図」参照）。

釈尊の舎利容器
（インド国立デリー博物館蔵）
撮影：丸山勇

●八分舎利

　釈尊の入滅後、その遺骸の所有について現地のマトゥ
ラーの人々やマガダ国王やコーサラ国王などによって
争いが生じました。そこでドローナ婆羅門の仲裁によっ
て、舎利（釈尊の遺骨）は八分割され、それぞれの国
に塔が建立されます。この外にも瓶塔・灰塔などが建
立されました。後に舎利信仰の象徴となっていきます（第11章参照）。

舎利（skt.śarīra）⇒仏塔（skt.stūpa・卒塔婆）

『今昔物語集』巻三「仏、涅槃に入りたまへる後、棺に入れたる語、第三十一」

『今昔物語集』巻三「仏の涅槃の後、迦葉来れる語、第三十二」

　巻三第二十八から第三十五までの説話は「涅槃」に関する説話です。はじめの第二十八話は、釈尊が弟子に自分が入滅することを告げた話が記され、最後の第三十五の説話は、釈尊を火葬した後に、その遺骨を分骨する話となっています。ここで取り上げる三十一、三十二は釈尊が涅槃入滅する時の状況を語る説話です。

　釈尊が涅槃に入ろうとしたときに、釈尊は弟子の阿難に自分の遺体は 7 日後に棺へ納め、香油や七宝[3]を備えるよう指示し、入滅されました。その臨終の時、弟子たちや天の神々、信者が嘆き悲しみ、大地も震動し、沙羅双樹の色[4]も変化し、心無い草木もみな悲しみを表しました。ほぼ全員の弟子が釈尊の臨終を見送りましたが、頭陀行（前章注 3、4）のため、精舎生活をしていない迦葉が尼乾子[5]に釈尊の入滅を聞き、拘尸那城（クシナガラ）の天冠寺[6]に祀られている釈尊の遺骸と対面します。釈尊の付き人であった阿難は、遺体を布で包み、金の棺に納めて鉄の棺に納めたため、もう直接に遺体と対面できないと告げました。すると、金の棺から釈尊の御足が出現しました。この話は、「金棺出現」と呼ばれています。

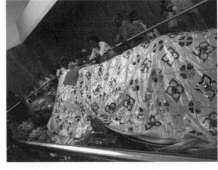

注

1　滅度・寂滅ともいう。ニルヴァーナの漢訳、煩悩の炎が吹き消えた状態、苦からの解脱を示す。「入滅」とは、煩悩を滅し、悟りの境地に入ること。ただし、完全な解脱は肉体の完全な消滅、つまり「死」によって完結するため、悟った人が死ぬことを表現する。

2　荼毘とは、サンスクリット語の音写（skt.hyāpayati）と考えられ、死者を火葬にすること。梵焼と漢訳される。日本では文武 4 年（700）の道昭の火葬が初見である。一般的に火葬にすることを「荼毘に付す」という。

3　七宝……金、銀、瑠璃、玻璃、硨磲、赤珠、瑪瑙（『阿弥陀経』による）

4　沙羅双樹の色……沙羅樹（葉は楕円形で 2、30cm、花は花枝の先に尖った花房あり）が釈尊の病床の 4 辺に 4 双 8 本あったために双樹という。釈尊入滅時に 4 本は枯れ、4 本が咲き、枯れた沙羅樹が白鶴の翼のような色形をしていたので、沙羅双樹は「鶴林」とも呼ばれた。

5　尼乾子……ニガンタ・ナータプッタの音写で尼乾陀子、尼犍弗陀怛羅子とも呼ばれ、ジャイナ教の教祖、または弟子をいう（第 1 章参照）。

6　天冠寺……拘尸那城の東にあったという精舎。

コラム【釈尊の遺骨について】

　日本の名古屋に釈尊の本当の御遺骨が祀られていることは、意外に知られていません。

　イエス・キリストや天照大神と違い、釈尊は学術的に実在の人物であることが証明されて

釈尊の真正舎利が祀られている
日泰寺舎利塔の境内

います。それは、釈尊の遺骨、つまり「舎利」の存在が明らかになっているためです。明治 31 年（1898）1 月、ネパールの南境に近い英領インドのピプラハワというところで、イギリスの駐在官ペッペ（ウイリアム・ペッペ）が古墳の発掘作業中に人骨を納めた蝋石の壺を発見しました。その壺には西暦紀元前 3 世紀頃のカローシュティー文字が側面に刻み込まれていました。それを解読したところ「この世尊なる仏陀の舎利瓶は釈迦族が兄弟姉妹妻子とともに信の心をもって安置し奉るもので

ある」と記されてありました。これについては、初期仏典に釈尊が入滅した後、遺体を火葬に付し、遺骨を八つに分けてお祀りし、その中で釈迦族の人々もその一部を得てカピラヴァストゥに安置したという伝承があり、この伝承が事実であったことを証明するものとなりました。

　当時 19 世紀の研究者の見解では、釈尊は実在した人物ではないという考えがほとんどでした。研究者の中では、釈尊の信仰は太陽神話の一形式であるという説を提唱していた人もいました。しかし、そのような見解がペッペの発掘によって否定され、釈尊の実在が立証されたのです。このペッペの仏舎利発見は 19 世紀で東洋史上の一大発見となりました。

　その後、インド政庁はペッペが発掘した舎利瓶と若干の副葬品の呈出を受けて、舎利瓶などはカルカッタの博物館へ納めましたが、釈尊の御遺骨、所謂、「真正舎利」（本物の釈尊の遺骨）については、仏教国であるタイ国（当時シャム）の王室へも寄贈しました。当時のタイ国王チュラロンコン陛下は歓喜し、その一部を同じく仏教国であるセイロン、ビルマにも分骨され、明治 37 年（1904）に王室交流も兼ねて仏教国である日本にも贈られてきました。そして、日本の仏教界が協力し、名古屋の方々の協力を得てこの地に寺院を建立しました。そのお寺を「覚王山日泰寺」といいます。「覚王」とは覚りの王、「日泰」とは日本国と泰国（タイ）という意味で、日本とタイとの友好交流が現在も続いています。

日泰寺本堂

第9章

仏典成立と教団の拡散

ヴァイシャーリーの街並み

他人を敬い、みずからへりくだるはよく、足るを知って、恩をおもうはよく、時
ありて教法を聞くはよい。これが人間最上の幸福である。　　　　（『大吉祥経』）

【ねらい】

この章では、釈尊入滅後の説法の編纂、教団の展開とインド周辺地域への拡散を学びます。

1、仏典の成立

　釈尊入滅後、その教えの散逸を防ぎ、教団の統一をはかる目的で、弟子たちは各自の記憶に基づいて、教義を確認し、仏典を編纂していきました。当初は経と律だけでしたが、釈尊入滅後、釈尊から直接教えを受けることができない世代になると、経と律の仏典を師匠から弟子へ解説するようになり、論書が生まれました。仏典は次の3つに分類されます。

　経……釈尊が説いたという教
　　　義書、「経蔵（きょうぞう）」と呼ばれて
　　　います。

　律……釈尊在世の時における
　　　生活習慣の規定書、「律蔵（りつぞう）」
　　　と呼ばれています。

　論……釈尊の入滅後に各修行者が釈尊の教え「法」について考究したもの
　　　を「阿毘達磨論（あびだるま）（skt.abhidharma)」といい（次章参照）、経や律の解説書を
　　　示し、「論蔵（ろんぞう）」と呼ばれています。

　なお、これらの三つを「三蔵（さんぞう）」といいます。

　さらに後世、経律論が多様に解釈されました。その典籍を「疏（しょ(そ)）」といいます。

●偈文（げもん）と声明（しょうみょう）

　古代インドでは、教義は師匠から暗唱して習得していました。仏教教団においても、当初は文字化されず、暗唱によって受け継がれていました。そのため、暗唱されやすいように音節を使った韻文（いんぶん）「偈文（げもん）」を持つものが多く、のちに日本では声明や伽陀（かだ）として形式が伝承されていきます。

【偈文】

　偈文は偈頌（げじゅ）[1]、諷誦（ふじゅ）[2]、伽陀（かだ）[3]などの種類があります。skt.gāthā（ガーター）

を音訳して偈陀・伽陀、意訳して偈頌（略して頌）と呼ばれます。

【声明】

　声明は元来、古代インドの学問「五明」[4]の1つであり、古代インドにおける音声・文法の学問でした。のちに仏・法・僧の3つを示す「三宝」の功徳を讃えるため、梵語や漢文の経文、または偈に節をつけて讃美して唱える「梵唄」を示すようになりました。

2、仏典結集

鹿野苑の僧房址（僧侶の住居址）

　釈尊の教説は4回に分けて編纂されたといいます。弟子たちが集まり釈尊の教えを編纂することを「結集」と言います。

●第一回

場所：王舎城（ラージャグリハ）郊外七葉窟

参加者：500人。

　大迦葉の提案により、釈尊の弟子を集めて、釈尊の教説を弟子たちがまとめました。律蔵は優波離が代表として編纂され、経蔵は阿難が代表となり編纂しました。

　　＊阿難がいつも釈尊に付き従い、教説を聞いていたため、阿難が経典編纂の責任者となりました（後述『今昔物語集』参照）。この伝承によって、多くの経典の冒頭には、阿難が「如是我聞」と述べたことを記しています。

●第二回

場所：毘舎離（ヴァイシャーリー）

参加者：700人

　釈尊入滅後、100年経ち、教団が大きくなると、仏教が各地域に広がり、その時代、土地に合った解釈が必要になりました。そのため、サンガ（第6章参照）における集団生活においても、従来の戒律を現実の生活に合わせた規律に解釈するようになりました。

　例えば、金銀を持つことは禁止されていましたが、商業都市のヴァイシャーリーで修行する比丘たちは金銀の布施を受けることがあり、その解釈をどのようにすれば良いかなどの問題が生じました。それらは「十事の諍論（じょうろん）」と言われました（次項参照）。そこで、教団内で釈尊時代の生活規則を守る保守派と、時代と環境変化に合わせて生活規則も改革しようとする革新派とに分かれました。これを起源として教団は分派していきます。

教団分派の起り⇒根本分裂（部派仏教の勃興（次章参照））

【十事の諍論】（『善見律毘婆沙（ぜんけんりつびばさ）』など）

1、塩浄（えんじょう）⇒前日までに受けた塩を、後日使用するために備蓄してもよい

2、二指浄（にしじょう）⇒日時計の影が二指の幅まで推移する間は食事をとってもよい（これは非時食（ひじじき）といって、正午を過ぎて食事をしてはならないという戒を緩和することを意味する）⇒不可晝食（ふかちゅうじき）（午後の食事の禁止）の緩和

3、聚落間浄（じゅうらくかんじょう）（随喜浄（ずいき））⇒1つの村落で食事した後に、他の村落に行って食事をしてもよい

4、住処浄（じゅうしょじょう）（道行浄（どうぎょう））⇒一定の場所で懺悔や反省、食事しなくても別の場所で行ってもよい

5、随意浄（ずいいじょう）（高声浄（こうしょう））⇒比丘の人数が揃っていなくても事後承認で議決してもよい

6、久住浄（くじゅうじょう）（舊事浄（くじ））⇒サンガ（僧院・教団）の行事・戒律を執行するときに先例に随えばよい

7、生和合浄（しょうわごうじょう）（酪漿浄（らくしょう））⇒食事の後に乳製品をとってもよい

8、水浄（すいじょう）（治病浄（ちびょう））⇒醗酵していない（酒になっていない）椰子（やし）の汁を飲んでもよい

9、不益縷尼師檀 浄 （坐具浄）⇒縁をつけずに、好きな大きさで座具を用い
てよい

10、金銀 浄 （金宝浄とも）⇒金銀や金銭の供養を受けて、それを蓄えてもよ
い

●第三回

場所：華子城（パータリプトラ）

参加者：1000人

　南伝仏教の説によれば、釈尊
入滅の約200年後、紀元前3
世紀に阿育王（アショーカ王・skt.Aśokah）が1000人の比丘を集めて行いまし
た[5]。彼は仏教を保護し、各地へ拡散させました（第11章参照）。

【アショーカ王の仏教２大政策】

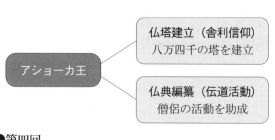

アショーカ王石柱の獅子

●第四回

場所：カシミール

参加者：500人

　紀元後2世紀ごろ、クシャーナ朝カニシカ王がカシミールの比丘500人を
集めて仏典の編纂を行いました。

【仏教が世界宗教になった要因】

　仏教がインド文化圏から世界へ拡散した要因は、次の点が挙げられます。

- ・仏典を文字化して編纂することで伝達しやすくなる。
- ・アショーカ王のインド全土の道路整備に伴い、国中や隣国への伝道が活発化。

3、南北の伝道

●北伝

　インド東北部で発生した仏教は、ガンジス川上流に広まり、中央アジアまで伝わりました。特にアショーカ王がインド統一した紀元前 3 世紀以後、その地でギリシャのアレキサンダー大王のユーラシア東征と鉢合わせとなりました。その後、大乗仏教が成立しました。

　アレキサンダー大王の北部インド侵出（BC.3〜2）⇒仏教とギリシャ文化の融合

【『ミリンダ王の問い』（skt.Milinda Pañha）】
漢訳『那先比丘 経』『弥蘭陀王問 経』

　紀元前 2 世紀後半、アフガニスタン・インド北部を支配したギリシャ人であるインド・グリーク朝の王メナンドロス 1 世と、比丘ナーガセーナ（那先）の問答を記録した経典。仏教が中央アジアに広まると、ヨーロッパ文化と交わり、ギリシャ的論理が融合していきます。その後、仏教は益々多様化し、ギリシャ美術の影響を受けた仏像崇拝を含む大乗仏教へ展開していきます。それは、仏教がインド文化の範疇ではなく、諸外国の文化に浸透していくことで、仏教は世界宗教としての立場を確立しました。この『那先比丘経』は、紀元前 2 世紀のインドで、支配者であったギリシャ人王と仏教長老の対話形式で語られ、仏教がヨーロッパ文化に出会った資料としても重要な経典です。

●南伝

　南方、東南アジアへ伝わった仏教を「南伝仏教」、もしくは「上座部仏教」と呼びます（第2章参照）。その状況については、法顕[6]が『仏国記』（別称『法顕伝』）に記しています。

　それによると、仏教が南海の商人によって伝播され、ナーガ（龍神信仰）や南インドの摩頼矩咤国の「補陀落」（skt.Potalaka・補怛落迦）[7]観音信仰と融合しており、大乗仏教も伝来しておりました。

　現在の東南アジア地域では、上座部仏教が栄えています。先に上座部仏教が伝来したと思われることがありますが、実際は早くから大乗仏教も伝来していたのです。東南アジアの仏教受容の状態を次に述べていきます。

　　　＊現在の東南アジアの仏教は上座部仏教（テーラワーダ仏教）が中心です。

【スリランカ】（セイロン）

漢訳：「獅子国」

史料：『マハー・ヴァンサ』『ディーパ・ヴァンサ』（次章参照）

仏教伝来：アショーカ王代に仏教公伝→紀元前3〜2世紀。

　インドから仏教が公伝されたのは、デーヴァーナンピヤティッサ王（紀元前3世紀）の頃です。アショーカ王の王子マヒンダ長老が来島し、この地に仏教教団を設立したことが始まりです。王はマヒンダ長老のためにアヌラーダプラにマハーヴィハーラ（大寺）を建立したと伝えられ、それ以来、長い間、スリランカ仏教の中心地となりました。

　このようにスリランカ仏教は王権と密接な関係をもって展開し、国家の影響下で発展していきました。この様子は先述した法顕『仏国記』にも残されています。

　なお、5世紀頃にはスリランカの学僧、ブッダゴーサ（仏音）が出現し、『清浄道論』や『サマンタ・パーサーディカー』（5世紀後半に『善見律毘婆沙』として漢訳される。前掲「十事の諍論」参考）が著述されました。その後、スリランカ仏教は12世紀に至るまで続くことになりましたが、16世紀以後

は植民地支配で衰退しました。しかし、近代に入ると、仏教復興運動が起こり、現在は仏教徒が約 70%（外務省 HP 参照）を占めています。

スリランカ寺院　アヌラーダプラの大塔

＊『今昔物語集』には、スリランカと観音信仰との結びつきが見えます（後述）。観音信仰は南海航海の商人たちに信仰されたとも考えられ、観音が住んでいるという「補陀落（ふだらく）」へ渡海することを願う人も出没しました（第 12 章参照）。のちに日本では神道と融合して熊野那智信仰へ展開します。

【タイ】

漢訳：「泰」

仏教伝来：7 世紀に上座部仏教が伝来。

　タイ仏教は 7 世紀ごろ、原住民モン人によって受容されたと考えられています。8 世紀〜13 世紀の間、中国雲南方面よりインドシナ半島の中央部に南下してきたタイ族は、最初、アンコール王朝の支配下にありヒンドゥー教、大乗仏教を信仰していました。現在のように上座部仏教が中心となるのは、13 世紀頃といわれています。この時のスコータイ王朝では上座部仏教が興隆し、従来のヒンドゥー文化や大乗仏教は衰退していきました。また、スリランカと同じように王権の影響を強く受け、歴代の王は仏教教団を保護し、一方、仏教教団は王権の正統性を確立する役割を果たすようになりました。

タイ王室寺院　ワットプラケオ

　このような関係が後のアユタヤ王朝や今のチャクリー王朝にも受け継がれており、そのため仏教と王権は相互に協力関係を保持しています。現在は仏教徒が約94％（外務省HP参照）を占めています。

【ヴェトナム】

漢訳：「林邑^{りんゆう}」「南越^{なんえつ}」「交趾^{こうち}」、のち「安南^{あんなん}」

仏教伝来：6世紀に中国の進出により、大乗仏教が伝来。

　ヴェトナム仏教は国土が南北に長いため、北部は中国の影響を、中部と南部はインドや東南アジア諸国の影響を受けてきました。北部は、紀元前3世紀から10世紀まで中国の支配下にあったため、漢訳経典を用いた仏教が広まりました。また、交易路としても重要な拠点であったため、翻訳僧の康僧会^{こうそう}などインドから中国へ渡る多くの僧侶らが滞在しました。その後、唐代以降の中国仏教がヴェトナム北部に持ち込まれ、民間信仰と融合していきます。さらに9世紀頃にはヒンドゥー教と融合したインド系大乗仏教の寺院も建立されます。近代では、清朝の中国から仏教と移民が流入していきました。フランスに支配された19世紀にキリスト教が広まると、ローマ字表記が強制されるようになります。現在、仏教徒が約80％（外務省HP参照）を占めています。

＊特に注目することは、日本で奈良時代に行われた東大寺大仏開眼法要に林邑僧「仏哲^{ぶってつ}」が来朝し、雅楽^{ががく}や伎楽^{ぎがく}が伝えられたことです。舞楽^{ぶがく}で代表的な「蘭陵王^{らんりょうおう}」「迦陵頻^{かりょうびん}」などは「林邑八楽」と言われています（口絵〈写真15〉）。

【カンボジア】

漢訳：「扶南(ふなん)」

仏教伝来：ヴェトナムと同様に6世紀に中国仏教を導入。

アンコール・ワット

　カンボジア仏教は、紀元後2世紀にクメール人の建国した扶南で仏教色が残るヒンドゥー教が信仰されていましたが、6世紀になると、大乗仏教が広く信仰されました。その後、9世紀初頭にヒンドゥー教と大乗仏教の菩薩が融合した独自の宗教が生まれます。後のクメール帝国では、国王は仏や神の化身として民衆を救済するという思想が展開され、ヒンドゥー教や仏教と王権の結びつきが顕著になりました。そして、12世紀に有名なアンコール・ワットが建てられました。

　なお、「ワット」とは寺院を意味し、クメールの建築、彫刻の技術が残っています。15世紀にタイのアユタヤ王朝に滅ぼされた後は、タイの上座部仏教が浸透し、今も主流となっています。現在、仏教徒が98％（外務省HP参照）を占めています。

【ミャンマー】

漢訳：「南詔(なんしょう)」「驃国(ひょうこく)」

仏教伝来：11世紀に南インド、スリランカより伝来。

　10世紀以前のミャンマー仏教は国家として仏教を受容した形跡は見られません。ただし、北部のピュー族が東南アジアの中でも初期に仏教を受容したと考えられ、上座部仏教であったと考えられています。

　また、遺跡調査によって観音や弥勒などの菩薩像、及びヴィシュヌやシヴァの像などが発見されており、上座部仏教以外にも大乗系統の仏教やヒンドゥー教も信仰されていたと考えられます。下部は上座部仏教を受容していたと考

えられ、この仏教が後に上部ビルマのビルマ族に広まったと思われます。その後、上座部仏教が下部ビルマに導入され、ビルマ族の統一国家では上座部仏教が公的に信奉されることになり、今に至っています。現在、仏教徒が約90%（外務省 HP 参照）を占めています。

【インドネシア】

漢訳：「訶陵国」「耶婆提国」

仏教伝来：7 世紀ごろに大乗仏教が伝来。

ボロブドゥール遺跡

インドネシア仏教は 4〜5 世紀頃は、主にヒンドゥー教が信仰されていましたが、7 世紀頃に大乗仏教が広まっていたことを中国僧の義浄が記録しています（第 14 章参照）。その後、9 世紀前半に密教が伝播して、ボロブドゥールに寺院が建立され始めました。さらに 11 世紀頃ではインドからも多くの僧侶が学びに来たほど盛況でした。しかし、14 世紀まで仏教は信仰されていましたが、僧侶は宗教活動を禁止され、次第に仏教が衰退していきました。その後、イスラム商人の来訪によって、イスラム教が広まり、現在のようなイスラム教国となりました。現在では仏教徒は国民全体の 0.7% のみであり、イスラム教徒が 88% を占め（外務省 HP 参照）、イスラム教徒の多い国として知られています。

【ラオス、シンガポール・マレーシア】

仏教は主にラオ族が全体を占める国家で信仰され、1353 年にランサーン王国として統一され、タイ・カンボジアの上座部仏教が信仰されていました。1899 年、フランスのインドシナ連邦に編入された後も仏教は信仰され、1975年に王政が崩壊し、ラオス人民民主共和国が成立されましたが、仏教は継続

して国家の宗教として定着し、そのまま、上座部系の仏教が信仰されています。

シンガポール・マレーシアにおける仏教は、15 世紀にマラッカ王国が建国されるまで仏教が信仰されたと考えられますが、海上交流の商人たちにイスラム教が伝来し、イスラム教が信仰されました。しかし、16 世紀にポルトガルの植民地となり、キリスト教が広まりました。その後、イギリス領になってもキリスト教が信仰されましたが、第二次世界大戦後に植民地から独立すると、中国の華僑の人々が信仰する仏教が多く広まっていきました。

4、チベット仏教

漢訳：「吐蕃国」

仏教伝来：7 世紀に仏教公伝。中期・後期仏典の導入。

チベット仏教は中国仏教と並び大乗仏教の 2 大系統です。日本の仏教公伝時期より遅く伝わったと考えられ、チベットへ仏教が伝来する以前、既に「ボン教」

チベット仏教の中心地「ポタラ宮」

という自然崇拝の宗教が存在して、独自の神々の信仰が形成されていました。そうした中で仏教が受容されました。

仏教を受容した吐蕃王朝も他の東南アジア諸国と同じように王権と仏教が深く関わるようになりました。この時期、衰退するインドの密教が伝来したと考えられます。王朝滅亡後、国家対立に比例して仏教派閥が生じ、チベット独自の仏教が芽萌えました。中世になると、サキャ派やカギュ派、ニンマ派、ゲルク派など多くの派閥が生まれました。そして、化身ラマによる転生継承制度によって指導者（法主）を選任しました。

＊「ラマ」：この世の衆生を教え導くために、如来、菩薩、過去の偉大な仏道修行

　　者の化身（応身、身代わり）としてこの世に姿を現したとされるラマ（師僧）

　　を指します。その最高指導者は「ダライ・ラマ」と呼ばれています。

●教義

　チベットでは、7世紀から14世紀にかけてインドから直接に仏教を取り

入れたため、インド仏教の伝統がタントリズムの影響を受けて変質していき

ましたが（タントラ仏教、第2章参照）、その時期の密教が保存されていること

が特徴です。『根本説一切有部毘奈耶』（第10章参照）を中心に厳格な戒律に

基づく出家制度から、仏教の諸哲学や、曼荼羅[8]などの法具を用いて修法す

る密教までを広く包含する総合仏教です。

　また、独自のチベット語訳の大蔵経を所依とする教義体系を持ち、漢訳仏

典に見られないインド仏典も所有しています。教義としては、顕教と密教の

2つを柱として、智慧と方便（第12章参照）を重視し、インド後期密教の流

れを汲む無上瑜伽（ヨーガ）・タントラを実践します。

【無上瑜伽・タントラ】

　仏の世界と自己の合一手段として、「性」と「チャクラ」（人体の頭部、胸部、

腹部などにあるとされる中枢）を観想し、人の超越した仏陀の精神状態を求め

る修行をいいます。

5、仏教西漸 ── キリスト教の菩薩と仏陀伝 ──

　13世紀、『レゲンダ・アウレア』（和訳：『黄金伝説』に所収）に聖ヨサパト

として釈尊の伝記が挿入されています。ヨサパトという名前はボディサット

ヴァ（菩提薩多）という言葉が、ジョサパットという音節に変化して形成さ

れたと考えられています。

　ところで、この本は新約聖書の全体にほぼ匹敵する分量で著述され、176

章で構成されています。新約聖書の終篇と直接結びつき、いわば聖書の物語を引き継ぐ形を取り、聖人たちの伝説のみならず、ヨーロッパ中世期までに成立したキリスト教の祭日などの習慣を聖書に基づいて説いています。この著作はヨーロッパ文化に大きく影響を与えました。

● 『レゲンダ・アウレア』第174章　聖バルラームと聖ヨサパト

　　＊内容は、釈尊の伝記を模倣したものです（「四門出遊」「苦行」「ジャータカ」

　　と同様な説話）。

【ロザリオと数珠の起源説】

　ドイツ人学者、アルブレヒト・ヴェーバーはロザリオと数珠に関係があることを指摘しました。仏教で用いられていた数珠の言語の意味は「低い声で念じ唱える＋花輪」（skt.japa-mālā）でしたが、西洋に伝えられた際に「薔薇の花輪（japā-mālā）」と解釈されたという説です。

　「薔薇の輪」のラテン語訳「ロザリウム」（rosarium）は「薔薇の冠」という意味であり、珠を繰りながら唱える祈りがバラの花輪を編むような形となったといわれています。

『今昔物語集』巻四「阿難、法集堂に入る語、第一」

　今は昔、仏が涅槃に入られた後、迦葉尊者[9]を上座[10]として、羅漢たちが仏法を集成する結集会議を行いました。その席で、迦葉尊者が釈尊の側近であった阿難尊者の過誤を問いました。

　迦葉「阿難は仏に進言して、仏の叔母憍曇弥[11]の出家を許した。そのため、1000年保つべき正法の世[12]が500年短縮された。この罪をどう思うか。」

　阿難「仏在世、入滅後にも必ず、比丘・比丘尼・優婆塞・優婆夷[13]がおり、憍曇弥は比丘尼です。」

　迦葉「仏が涅槃に入るとき、水を差し上げなかった。この罪はどう思うか。」

　阿難「川の水が濁っており、差し上げることができなかったのです。」

　迦葉「仏が「一劫[14]に住す可しか、多劫に住す可しか。」と阿難に尋ねられたとき、3度問われても答えなかった。この罪はどう思うか。」

　阿難「もし、お答えしたら、天魔や外道がそれを聞いて、仏法を邪魔するからです。」

　迦葉「仏が涅槃に入られたとき、摩耶夫人が忉利天から手を差し伸べ、仏の御足に触れ、涙を流された。それを見ながら阿難は女性の手を仏に触れさせた。この罪はどう思うか。」

　阿難「この世の衆生に親子の情愛の深さを知らせるためであり、親の恩を知り、その慈悲に報いることです。」

　阿難の答えは間違いないので、迦葉は罪を問われませんでした。

　また、法集堂へ羅漢たちが入ろうとするとき、迦葉が「999人は既に皆無学の聖者です。ただ阿難一人有学の人[15]。また彼は時々女性を引く心があります。そのため、未だ仏道の習得が薄いのです。」といい、阿難を仏典結集の仲間から外し、堂の門を閉じられました。しかし、阿難は、

「我、既に無学の果を得た証明をします」と言って、神通力を使って門の鍵穴から堂内に入られました。これにより、釈尊の側近としていつも釈尊のお世話をしていたため、集まった羅漢たちは阿難を結集の長者として最高責任者に指名され、阿難は高座に登り「如是我聞」と声を出して話しました。その時の大衆[16]は釈尊の再来と思い、偈頌[17]を述べて賛嘆し、現在の経典は阿難が口誦されたものと伝えられるようになりました。

『今昔物語集』巻五「僧迦羅・五百の商人、共に羅刹国に至る語、第一」

　今は昔、僧迦羅という商人が500人の仲間と南海[18]を渡航中、暴風雨に遇い、美女たちが住む島に漂着しました。僧迦羅たちは美女たちの虜になり、皆美女たちと抱き合いました。しかし、何日か経ち、この島が美女しか住まない島であり、美女たちの長い昼寝時間に不信感を抱いた僧迦羅は、美女たちが熟睡している間に島を散策し、監禁された男を見つけました。僧迦羅は男から美女たちが羅刹[19]であることを知り、急ぎ浜へ逃げ、声を出して補陀落世界[20]の観音を念じました。すると、白馬が海の彼方から現れ、僧迦羅たちを乗せて海を渡り始めました。商人たちの脱走に気付いた美女たちは、体を大きくして羅刹鬼に変身し、海まで追いかけて来ました。僧迦羅たちは無事、南天竺に到着し、観音様を拝みました。

　2年後、僧迦羅と抱き合った妻が、突如、夜の寝室へ前より数倍もの美貌で僧迦羅の元に現れました。彼に以前見た羅刹と自分は違うと嘘をついて、前世の契りで夫婦になったのに離別は悲しいといい、復縁をせまり、彼を肉体と同情を以て自分の虜にしようとしました。しかし、僧迦羅は激怒し、剣を抜いて追い出しました。女は恨み、その足で王宮へ向かいました。王宮の男たちは、彼女に愛欲の情を起こし、彼女の僧迦羅離縁の訴えを聞き入れて、国王に進言し、国王は彼女をご覧になりま

した。すると、自分の妃たちと比較にならない美人を僧迦羅が離別する
ことは問題であると思い、僧迦羅を尋問しました。彼は国王に対し、彼
女は食人鬼であり、美貌に誘惑されて、決して王宮に入れてはいけない
と述べて諭しました。

　しかし、国王は僧迦羅を信じず、彼女に愛欲を抱き、夜に寝所へお召
しになり、あろうことか、終に寝室で同衾（性行為）してしまいました。
その後はさらに淫欲の念が深まり、国政を行わず、寝所から3日も出
て来ません。僧迦羅は国家の大事が起こる警告を進言しましたが、誰も
信じません。さらに3日過ぎたとき、口に血が付いた恐ろしい形相の
彼女が寝所の外に出現し、鳥のように空へ飛び立って消えたことを見た
家臣が国王に進言するため、寝所に側近が行くと、寝所に国王の真っ赤
な頭一つが残っていました。臣下たちが大騒ぎとなり、嘆き悲しみまし
たが、どうしようもありません。すぐに王子が即位し、僧迦羅を召し出
しました。そして、僧迦羅は事件の次第を述べ、羅刹征伐の宣旨[21]を賜
り、二万の軍勢で羅刹国の島を攻めて、羅刹や夜叉[22]を全滅させました。
新国王は僧迦羅に褒美として、その島を与えました。彼は、その島に国
を建て、国王となり、今でも僧迦羅の子孫が楽しい暮らしをしており、
国名を僧迦羅国と名付けたと語り伝えられました。

　　＊この説話はスリランカ建国神話である。玄奘『大唐西域記』「僧迦羅国条」
　　に記され、観音信仰を語る。観音信仰が南海の商人たちに広まっていた
　　様相がうかがえ、大乗菩薩信仰が南伝していたと考えられる。『法華経』
　　「普門品」（観音経）に「衆商人聞倶発声言、南無観世音菩薩」「或漂流巨
　　海、龍魚諸鬼難、念彼観音力、波浪不能没」「或遇悪羅刹、毒龍諸鬼等、
　　念彼観音力、時悉不敢害」とある。

注
1　韻文で1句が五言、または七言の詩文で表現され、4句を一偈とする。特に経文で述べ
　　た事と重ねて韻文で示したものを、重頌と称する。

2　本来、経文や偈頌は無言で読むのではなく、声をあげて読むことであり、暗誦して音節を付けて読むこともあった。日本では三宝（仏・法・僧）に対して布施物や布施の趣旨などを詩文調記した文章「諷誦文（ふじゅもん）」を法会の導師が読んだ。『東大寺諷誦文』は有名。古くは年中法会や落慶法要の費用や供物などを記した文章を施主が作り、導師に読ませたが、のちには導師などが作るようになり、葬儀などの折、死者の冥福を願い追善法要で読まれるようになった。

3　サンスクリット語の原意は「歌」を意味し、シラブル（音節）の数や長短などを要素とする韻文のことを指す。

4　五明とは、声明（音韻学・文法学）・工巧明（く こうみょう）（理工学）・医方明（い ほうみょう）（医学）・因明（いんみょう）（論理学）・内明（ないみょう）（自己の宗旨の学問、仏教者の場合は仏教学）をいう。第 13 章参照。

5　阿育王（アショーカ王）……マウリア王朝第 3 世帝王。マウリア王朝の元がマガダ国であり、この王朝でほぼインド国土が統一された。

6　法顕は中国の東晋の僧。339 年に中国長安を出発、行きは陸路でインドに赴いた。当時のインドはグプタ朝の時代で、グプタ様式の文化が開花した時代であった。法顕は都パータリプトラで 3 年間、仏典を研究し、セイロン島に 2 年滞在の後、海路をとってマラッカ海峡を通り、412 年に帰国した。その旅行記『仏国記』は、5 世紀初めのインドと中国の交流を示す貴重な資料となっている。

7　補陀落……skt.Potalaka の音写。浦陀落伽とも音写され、光明、南海島と意訳される。観音菩薩の住む山。インド洋、チベット・ラサ、中国浙江省寧波（こん）の南海上にあるという。

8　曼陀（荼）羅……サンスクリット語のマンダラ（skt.mandala）の音写。壇、道場、円輪具足、聚集などと漢訳される。本来の仏陀の本質、心髄を示す。仏陀の宇宙の真理を表す方法として、日本・中国では仏・菩薩が集まり充満しているさまを図示した形態をいう。

9　尊者……尊い高僧の敬称。

10　上座……最も長老高徳の人をいう。他に寺内の僧の統括する職掌もいう。

11　憍曇弥……釈尊の養母である摩訶波闍波提のこと（第 3 章参照）。

12　正法の世……釈尊の教えの浅深を時代に区分した 3 時教の 1 つ。正法・像法・末法をいう（第 14 章参照）。

13　比丘・比丘尼・優婆塞・優婆夷……四部衆、比丘・比丘尼は出家者、優婆塞・優婆夷は在家信者（第 10 章参照）。

14　一劫……インドで梵天の 1 日、人間界の 4 億 3200 万年をいう。

15　無学の聖者、有学の人……仏法の修道論（修行）の位の区分。声聞（仏道修行者）が悟りを得る段階が 4 つあり、戒・定・慧の 3 学を学ぶ人を有学。最上位の阿羅漢果を得た人が無学という。

16　大衆……ダイシュと発音し、摩訶僧伽の意。寺院における僧徒集団。

17　偈頌……仏徳や教義を賛嘆する詩文。本章第 1 節参照。

18　南海……南、東南アジア一帯。

19 羅利……skt.Rāksasa の音写。速疾鬼、食人鬼と意訳される。地獄における鬼類で、毘沙門天の眷属（従者）ともいう。中でも羅利女は人間界へ飛行し、美人に変じて人を困惑させて食べるという。『ラーマーヤナ』にも類似説話がある。

20 補陀落世界……本章「スリランカ」参照。

21 皇帝、天皇の命令書、勅旨。

22 夜叉……skt.yaksa の音写。毘沙門天（クベーラ）の眷属。食人鬼でもある反面、人間に恩恵をもたらす存在と考えられていた。

コラム【日本に伝えられたアンコール・ワット】

水戸徳川家に伝わる仏教遺跡の絵地図に「祇園精舎」の伽藍配置図があります。しかし、これは祇園精舎ではなく、アンコール・ワットの見取図であったことが確認されました。江戸時代、プノンペンの日本人町の人達は、アンコール・ワットが祇園精舎であると誤認していました。そのため、大勢の日本人が祇園精舎の参詣としてアンコール・ワットへ出かけていました。その誤った情報により、そこが天竺の「祇園精舎」であると思い込んで「見取図」が作成されました。それが当時の長崎奉行によって正徳5年（1715）に模写され、その後、所有者の変遷はあったものの『祇園精舎図』と題された古地図は、今も彰考館（茨城県水戸市）に保存されています。そのため、明治時代末まで日本人が江戸時代初期には天竺へ行っていたと述べられていました（『皇典講究所講演』）。明治末期になって、建築史学者がこの見取図を鑑定した結果、全体構造から推してアンコール・ワットの見取図であることが判明しました。

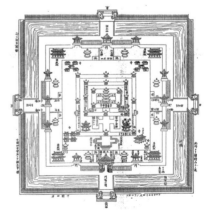

『皇典講究所講演』第百六十七（明治29年発行）に掲載されている祇園精舎図。

第 10 章

部派仏教の成立

ケーサリヤ仏塔の発掘調査の風景

所得あることなしといえども、われらは心楽しくも住まんかな。
かの光音天のそれのごとくに、われらは歓喜を食としてあらん。

（『雑阿含経』第 39 巻）

【ねらい】
仏教教団が拡散した結果、釈尊の教説はさまざまに解釈されるようにな
りました。この章では、分裂した各教団の教義や戒律を学びます。

1、部派分裂

釈尊が入滅された 100 年後からアショーカ王（紀元前 3 世紀）の時代、仏教教団は 上座部（テーラワーダ、pl.theravāda）と大衆部（マハーサーンギカ、skt.mahāsāṃghika）に分裂しました。北伝は 20 部派、南伝は 18 部派に分かれたと伝承されています。一般的に大乗仏教と上座部仏教の 2 つの分裂の起源であるため、これを「根本分裂」といい、この時代以降の仏教を「部派仏教」、あるいは「阿毘達磨仏教」といいます（資料 2 参照）。

「阿毘達磨」（skt.abhidharma）は阿毘曇とも音写され、「対法」と漢訳されます。つまり、「阿毘達磨」とは、釈尊の教え「法（skt.dharma）」に対する考究（skt.abhi）をいいます。それらの思想や歴史について『阿毘達磨発智論』（発智論）、『阿毘達磨六足論』（六足論）の他、主に次の典籍が有名です。

　＊発智論と六足論は、のち『阿毘達磨倶舎論』（第 13 章）に展開します。

● 『異部 宗 輪論』（玄奘訳）

『異部宗輪論』は、世 友 （skt.Vasumitra）の作と伝えられています。インド上座部仏教の諸部派の分派史、及び各部派の主要な教義を記した書物です。部派の教義のほとんどは説一切有部の教義のみ伝えられているため、他部派の主張を知る上でも貴重な資料とされています。成立年代は不明ですが、紀元前 2 世紀と考えられています。なお、本書には仏滅年代について、アショーカ王が即位した年との差が約 100 年と明記されており、仏滅年代確定の 1 つの根拠ともなっています。

● 『根本説一切有部毘奈耶』（義浄訳）

「破僧事」「薬事」「雑事」等に分類されます。比丘戒 249 条に教訓物語を挿入した大部で編纂され、上座部系説一切有部の教義や規律を述べています。

● 『島史』（ディーパ・ヴァンサ）、『大史』（マハーヴァンサ）

　この2つの資料は南伝スリランカの資料です。これらの史料は、ヴァイシャーリーの比丘が唱えた十事の諍論問題（前章記述）が分裂の原因と伝えています。これを認める現実派は、多人数であったので「大衆部」と呼ばれ、この問題について除外例を認めないグループは厳格さを重視する長老の上座が多かったので「上座部」と名づけられたといいます。

2、説一切有部の教義

● 三世実有説

　説一切有部の基本的立場は三世実有・法体恒有といいます。世の中のあらゆる事象を構成する恒常不滅の基本要素を70ほどに分類しました。これらは過去・現在・未来の3世にわたって変化することなく実在し続けるが、人が経験・認識できるのは現在の一瞬であると解釈し、未来の法（真理）が今に現れて、瞬間に人が認識し、一瞬で過去に進むという「法有実在論」を説きます。

● 心心所相応説

　心理論としては、46個の心的要素「心所」が、心の基体（心・skt.citta）「心王」と結合し（相応）、心理現象が現れるといいます。

● 業感縁起

　説一切有部は人間の直接の原因「苦」を、業（第1章参照）と理解し、その究極の原因を煩悩と考えました。つまり、人間の存在を惑→業→苦の連鎖であると解釈しました。これを「業感縁起」といいます。それゆえ人間が苦から脱け出し、涅槃の境地（悟り）を得るためには、煩悩を断ち切ればよいことになります。このようにして説一切有部は108個の煩悩を考え、この断除の方法を求めました。

＊除夜の鐘を打つ数は、煩悩の数と同じ 108 回とされていますが、この 108 とい
　う煩悩の数は、アビダルマ仏教において説かれたものです。

●有余涅槃・無余涅槃

説一切有部は涅槃を 2 つに区分しました。

1 、まだ肉体が存在する阿羅漢の境地は肉体的苦があるので不完全であると
　考え、「有余（有余依）涅槃」と称した。

2 、阿羅漢の死後を完全な涅槃であると認め、「無余（無余依）涅槃」と称し
　た。

3 、戒律

釈尊入滅後、教団の統一をはかる目的で、弟子たちは規律を確認しました。
現在は戒と律が同じ括りになっていますが、本来、戒律は戒と律の 2 つに分
別されます。

　戒（skt.śīla）……自分を律する自発的・能動的な規範。

　律（skt.vinaya）……僧侶（比丘・比丘尼）のみに課され、受動的な規律。教
　　団で守るべき集団規則。

●戒の種類

在家信者と出家者の 2 つにそれぞれ分類されます。

A、在家信者の戒……優婆塞（skt.upāsaka）、優婆夷（skt.upāsikā）の戒

　この戒は主に在家信者、つまり、家庭にあって世俗・在俗の生活を営みなが
ら、出家者を後援する男性信者の優婆塞、女性信者の優婆夷を対象とします。

　＊日本では、役優婆塞（役小角）という人物が『続日本紀』『日本霊異記』
　　に修験道の祖として登場します。

142

【三帰依戒（三帰依文）】

仏法僧に対して「帰依（自己全てを帰投し、依頼する）」して戒め誓うこと。この「仏（仏陀）」「法（仏の教え）」「僧（僧侶）」の3つを「三宝」といいます。

＊この三宝を敬うことは、信仰の基本項目であり、『日本書紀』推古天皇2年条の「三宝興隆の詔」や聖徳太子撰述『十七条憲法』の第2条に登場します。

(1) 南無帰依仏・pl.Buddhaṃ saraṇaṃ gacchāmi（私はブッダに帰依いたします）

(2) 南無帰依法・pl.Dhammaṃ saraṇaṃ gacchāmi（私はダンマ（法、教え）に帰依いたします）

(3) 南無帰依僧・pl.Saṅghaṃ saraṇaṃ gacchāmi（私はサンガ（僧、伝道者）に帰依いたします）

【五戒】

(1) 不殺生戒……生き物を殺してはいけない。

(2) 不偸盗戒……他人の物を盗んではいけない。

(3) 不邪婬戒……不道徳な性行為を行ってはならない。

(4) 不妄語戒……嘘をついてはいけない。

(5) 不飲酒戒……酒を飲んではいけない。

【八斎戒】

基本的に先に挙げた五戒に3つの項目を加えた戒。

(1) 不殺生戒

(2)　不偸盗戒

(3)　不婬（淫）戒[1]

(4)　不妄語戒

(5)　不飲酒戒

　　　＊以上は五戒と同様。

(6)　不坐臥高広大床戒……地上に敷いた床にだけ寝て、高脚の立派なベッドを用いない。

(7)　不著香華瓔珞香油塗身・不作唱技楽故往観聴戒（「十戒」では 2 つの戒に分ける）……花飾りや香料を身につけず、また歌舞音曲を見たり聞いたりしない。

(8)　不過中（晝・昼）食戒……午後は食事をとらない。

　　　＊なお、未成年で出家した男子を「沙弥」、女子を「沙弥尼」といい、八斎戒の(7) を 2 つに分け、それに「不蓄金銀宝戒」（お金や宝石類などで個人資産となる物を所有しない）を加えた「十戒」を遵守することが求められました。

B、出家者の戒

【具足戒】

　「波羅提木叉（skt.prātimokṣa）」ともいい、成人で出家した比丘・比丘尼（男性を比丘、女性を比丘尼という）が遵守する戒めや規律です。他に具戒、進具戒、大戒などとも呼ばれています。出家生活する者は、この具足戒を受けて、正式に僧団の一員となり、初めて出家者の集団に入り共同生活をすることができました。出家僧にとっては、この波羅提木叉も律蔵に基づく規定であり、まとめて「戒律」と呼ばれるようになりました。なお、各学派や集団によって内容は必ずしも一定していません（後述「律の種類」参照）。

C、大乗仏教の戒……三聚浄戒、十重禁戒

　これらは一般的に「大乗菩薩戒」と呼ばれています。主に『梵網経』に基づいた戒です。

＊『梵網経』には初期仏教のパーリ語経典と大乗仏教経典『梵網経盧舎那仏説
菩薩心地戒品』（「菩薩戒経」）の2つがあります。前者は『大正新脩大蔵経』
阿含部に所収されている「梵動経」「梵網六十二見経」と考えられ、大中小の
戒律が述べられています。後者はインドでの原本が見られず、内容も父母の孝
順などの中国思想が見られることから「偽経」と言われています（第14章参
照）。

【三聚浄戒】

(1) 摂律儀戒……戒律を遵守
し、悪を防ぐことを目的と
する。

(2) 摂善法戒……一切の善法
を修することを目的とする。

(3) 摂衆生戒……饒益有情
戒ともいい、一切の衆生
（生き物の命）を愛護し、利
益を与えることを目的とする。

インド・ピプラフワ僧院の伝講堂址

【十重禁戒】

(1) 不殺戒……生き物を殺さない。

(2) 不盗戒……与えられていないものは取らない。

(3) 不婬戒……一切の性行為をしない。

(4) 不妄語戒……嘘をつかない。

(5) 不酤酒戒……酒を造り、売買しない。

(6) 不説四衆過戒……他人の過ちを非難し、叱責を言わない。

(7) 不自讃毀他戒……自分を褒めて自慢し、他を軽く見下すことはしない。

(8) 不慳惜加毀戒……もの惜しみをせず、傷つけることもしない。

(9) 不瞋心不受悔戒……嗔って、謝っているのに受け入れないことをしない。

（10）不謗三宝戒……仏・法・僧の三宝を侮蔑して軽んじない。

●律の種類

『四分律』……上座部系、説一切有部所属の法蔵部の説という。250 の比丘戒
　　と 348 の比丘尼戒。

『五分律』……上座部系、説一切有部所属の化他部の説という。251 の比丘戒
　　と 373 の比丘尼戒。

『十誦律』……上座部系、説一切有部の説。263 の比丘戒、354 の比丘尼戒。

『摩訶僧祇律』……大衆部の説。218 の比丘戒、290 の比丘尼戒。

　＊以上を「四大広律」という。日本の律は一般的に『四分律』の戒を掲げます。

【セイロン仏教（スリランカ）、チベット仏教の律】

　セイロン島所伝（南伝）の律では 227 の比丘戒、311 の比丘尼戒。主に
『善見律毘婆沙』に基づきます。チベット仏教は『根本説一切有部毘奈耶』
に基づきます。

　＊『善見律毘婆沙』は、上座部所伝の律蔵を注釈したもので、紀元後 440 年頃イ

　　ンドのマガダの学僧ブッダゴーサがセイロンで撰述した律蔵注釈書の抄訳とい

　　われています（前章参照）。

●授戒と得度

　儀式で自発的に戒律を守ろうと誓うことを戒儀といいます。

【授戒の作法「三師七証」】

・戒を授ける戒和上（戒和尚）

・行儀作法を教える教授師 ──→ 三師

・表白文[2]をよむ羯磨師

・証人としての 7 人の大衆（僧侶）→七証

【僧侶認可の手順（得度・授戒式）】

「師匠（戒和上）教授師」
が授戒（受戒）しようとする
人間の資格審査。

↓

「羯磨師」が戒場の衆僧に
教授師の承認を求める。

↓

「教授師」は年齢や病気の
有無や<u>父母の諾否</u>などを確認。

唐招提寺戒壇院の戒壇

↓

「戒和上」はさらに改めて本人の意志確認。戒をうけて後、戒律の遵守の
意志表示を3回くり返させる。

＊本来、僧侶になるには、仏教教団内の10名の承認が必要であり、そこで、戒
　律を守る事を誓えば誰でもなれました。しかし、中国、日本においては、のち
　に国家が介入するようになります。

　⇒戒壇設立・度牒 3

＊また、出家するためには親の許可が必要でした。<u>親の許可が無く教団へ入信す
　ることは「出家」ではなく、「家出」です。</u>なお、破戒（戒律を破ること、守
　らないこと）してしまった場合は、仏の前で自分自身を反省し、2度と過ちを
　繰り返さないことを誓う「懺悔」を行い、罪を償いました。

　破戒⇒懺悔 4

『今昔物語集』巻四「天竺の陁楼摩和尚、所々を行きて僧の行を見る語、第九」

　今は昔、天竺に陁楼摩[5]和尚[6]という五天竺[7]を行脚[8]する聖人がいました。或る大寺院へ伺ったとき、多くの僧房で仏像に香華を奉る僧、経典を読誦する僧などが修行をしていました。しかし、その中で1つだけ仏像も経典もなく、雑草が生い茂り、手入れされてない僧房があり、そこで2人の老僧が碁を打っていました。和尚は近くの1人の比丘に老僧のことを伺いました。すると、比丘は「2人の老僧は若い時から碁を打って、仏道修行をせず、食の供養を受けています。知り合いにならない方がいい」と侮蔑します。しかし、気になった和尚は老僧の僧房に入りました。

　老僧たちの対局を観戦していると、一局終わるたびに座から不思議な形で突如消え失せ、しばらくすると、空中から突如現れました。それが聖人のようであったため、和尚は2人の老僧に、碁を打ち続けている理由を質問しました。老僧は「長年、碁を打つ以外になにもしてない。しかし、ただ、黒石が勝つ時は我が身の煩悩が増さり、白石が勝つ時は我が心の菩提が増さる。このようなこと思い、無常観を感じていたら、功徳が現れたようで、阿羅漢果を得たのです」と答えました。和尚は感激し、侮蔑した比丘たちに語り、自分たちが劣っていたことを悔いました。

　次に陁楼摩和尚は、その寺院を出て、山裾の人里に行き宿を取りました。夜半、強盗が来たことを叫ぶ人の声が聞こえました。村人たちが叫び声の方角を探ると、聖人がいる方角でした。和尚も村人と共にそこへ向かうと、聖人の庵に盗む品はありません。村人が尋ねると、「眠りの盗人が蔵に蓄えた七聖財[9]を奪い取ったので、それを取られないため叫んだ」と嘆いて話しました。和尚は「この聖人は不眠の修行に努めていて、眠り込みそうになって叫んだ」と思い、聖人と親交しました。

さらに和尚が別の村に行くと、座るかと思えば立ち上がり、走るかと思えば、回ったり、回るかと思えば、臥したり、起きたり、挙動不審な行動をしている比丘がいました。和尚は気が狂っているかと思い、彼にその理由を尋ねました。すると、彼は「人間は天界に生まれたと思えば、人間界に生まれ、人間界に生まれたと見れば、地獄に落ちる。三界の迷いの世界は私の行動と同一です。私を見て、三界の姿は自分と同じく、慌ただしく一定していないことを人々に知ってもらうために長年奇行しているのです」という。和尚はこの人も聖人であると礼拝しました。この陁楼摩和尚は各地へ行脚し、尊い僧の行跡を見て回られたと語り伝えられています。

　　＊この説話は中国禅宗の開祖、達磨大師（だるまだいし）の話である。達磨が天竺で修行していた時の説話で、禅宗で特徴的な禅問答のような説話が3つ所収されている。煩悩と菩提、無常と欲望、三界六道などの仏法を日常生活の中で理解できるようにする話である。

注

1　五戒では不道徳な性行為のみを否定したが、ここでは性行為自体を禁止する。

2　法要の最初にその趣旨などを仏前に申し述べること。また、その文。

3　戒壇は戒を授ける式場に設置する壇。度牒は出家得度した証として政府が交付する公文書、証明書。

4　懺悔を「ザンゲ」と濁点読みするのは、明治期にキリスト教徒の布教によって、仏教の「サンゲ」という読みと区別する目的があったと考えられる。

5　陁楼摩……達磨、達摩とも表記する。菩提達摩。小乗（上座部）仏教の禅観を体得して、6世紀にインドから中国へ大乗の禅観を伝え、座禅による止観法などを広めた（第14章参照）。

6　和尚……「和上」ともいう。法相宗（ほっそうしゅう）や律宗（りっしゅう）、真言宗（しんごんしゅう）は「ワジョウ」、天台宗（てんだいしゅう）、華厳宗（けごんしゅう）は「カショウ」、禅宗、浄土系の宗は「オショウ（和尚）」という。元来は指導者の意である「戒和上」というのは、授戒師の最高職。和尚は後に高徳の僧侶の敬称となった。

7　五天竺……天竺（インド）を東南西北中に分けた用語。

8　一定のところではなく、各地へ巡って修行をすること。もしくは、遊行（ゆぎょう）すること。

9　七聖財……阿羅漢果を得るための7種類の法財。信（しん）、戒（かい）、慚（ざん）、愧（き）、聞（もん）、捨（しゃ）、慧（え）の7つ。

第 11 章

舎利信仰と仏像の成立

ケーサリヤ仏塔と仏像

　若しは曠野の中に於いて土を積んで仏廟を成じ、乃至、童子の戯れに、沙を聚めて仏塔となせる、是くのごとき諸人等、皆、已に仏道を成ぜり。

　或は七宝を以て成し、鍮石、赤白銅、白鑞、及び鉛、錫、鉄、木、及び泥、或は膠漆布を以て、厳飾して仏像を造れる、是くのごとき諸人等、皆、已に仏道を成ぜり。　　　　　　　　　　　　　　　　　（『法華経』方便品第2）

【ねらい】
この章では、釈尊の遺骨である「舎利」を信仰する様子、釈尊の姿を描いた「仏像」を信仰する様子について学びます。

1、舎利信仰

　舎利信仰とは、釈尊の遺骨を崇
拝することです。それが各地に伝
播しながら、内容も多面的に展開
し、法身舎利（経典など教義を以て
舎利とする）や摩尼（如意）宝珠
（意のままに様々な願いをかなえる宝

サンチーのストゥーパ

の玉珠）の信仰とも習合して形成されました[1]。舎利信仰の起源は初期仏典
の『大般涅槃経』（遊行経）に見られ、仏陀を火葬した後に残された遺骨（舎
利）を在家信者たちが奪い合い、その結果、舎利を 8 つに分けて、各地の仏
塔（ストゥーパ〈skt.stūpa〉）に祀ったことが始まりといわれています（前述第 8
章）。

　部派仏教時代は、教団全体で舎利・仏塔崇拝を賛美しているわけではあり
ませんでした。この頃の舎利崇拝は在家信者の任務に限定され、出家者に対
しては修行に励むように勧めている記述が見られます。舎利信仰は、出家者
と在家信者の間で肯定と否定の両方が見られ、サンガ（僧院）生活の変化も
絡んで複雑な問題を含むようになりました。そこで、舎利信仰が仏教の重要
な信仰になった展開を見ていきます。

●初期舎利信仰の起こり

　舎利信仰の特徴は、教祖に関わる有形物を崇拝することでした。『十誦律』
には、須達長者は釈尊がいない間、供養する機会を嘆き、せめて身近に釈尊
の関係の物を置かせてほしいと願い出て、爪と髪を授かり、これらをストゥー
パに納め、爪塔・髪塔として崇めたという伝承が述べられています。

●在家信者の舎利信仰 ── 大乗仏教の起こり ──

　修行を積んだ出家者は、釈尊の記念日（降誕・成道・涅槃等）に塔供養を主

催することができましたが、まだ修行経験が少ない出家者はチャイティア（舎利が無い塔廟、礼拝堂）を供養しました。このように釈尊に関わる法会を年中行事として催しました。そこで供養を受けることは、在家信者から寄進を受ける機会でもありました。

> ＊仏塔は生きた釈尊と同様な存在であったため、在家信者たちは釈尊を菩薩と呼び、釈尊の生き方を見習う信仰生活を始めました。これが発展して「大乗菩薩思想」が勃興しました（次章参照）。

【舎利信仰の展開】

舎利信仰の展開は、主に次の3点が挙げられます。

1、舎利は目に見える物体「遺骨」が存在するということが特徴。また、死や滅という概念を考える象徴になりました。さらに思想的に展開して、仏教の根本の真理は、そのような有形のものでは捉えられない精神的な無形なものであり、死を超えた普遍的な永遠性を維持するという考えから仏陀の精神を「法（法身）舎利」として認識する概念が生まれました。

2、舎利・仏塔信仰が精神原理へ転換した様子を記す大乗の『大般涅槃経』が伝播し、さらなる思想展開が生まれ、仏塔崇拝から仏性論（第12章参照）へと進むようになりました。

3、『法華経』では、釈尊の入滅を彷彿とさせる舎利を永遠の真理の象徴とするようになりました。それは「見宝塔品」で釈尊の真理を証明するために多宝如来[2]が出現し、死後の舎利の姿を記しています。その多宝如来と釈尊を一体化することによって「寿量品」で死と生をともに克服する久遠実成の仏陀となることを述べました（次章参照）。

> ＊舎利信仰は、部派仏教の時点では釈尊を中心とした聖人の遺骨崇拝でありましたが、上記の2、3項目で記されるように『大般

涅槃経』や『法華経』（本章冒頭ページ『法華経』「方便品」の仏塔と仏像の記述参照）など大乗仏教では大きく変化していきました。

このように舎利信仰は、完全に精神化できない、死を媒介とする身体的・物質的な力が、普遍的な真理に結び付くところに特徴があります。そのような両面を具えるところに、舎利信仰の強さがあり、それが中国・日本の舎利信仰の多様化につながったと考えられます。

その名残（なごり）として、ストゥーパの形式は、日本で五重塔の最上階の相輪（そうりん）や伏鉢（ふくばち）に推移していきました。

2、仏像の成立

仏像とは、仏陀である釈尊の姿を表現したものです。大乗仏教の展開と共に多様な像が誕生しました。それ以前、紀元前までの仏教は、「仏像のない時代」でした。初期仏教、部派仏教では偶像を崇拝することはありませんでした。信仰の対象はストゥーパ（仏塔）であり、仏塔の玉垣や門には、釈尊の生涯における教説や入滅などがレリーフで描かれていました。しかし、そこには釈尊の姿が見られません。それらは「釈尊（仏陀）なき仏伝図」として表現されていたのです。口絵（写真 11、12、13「サンチー仏塔」「サンチー仏塔の石門レリーフ」、紀元前 3 世紀）を見ると、仏を表現する工夫として、菩提樹や台座、洞窟、仏足石（ぶっそくせき）[3]、仏塔、法輪[4]などが描かれています。つまり、釈尊入滅後、仏塔周囲のレリーフに釈尊の生涯が刻まれましたが、古代インドでは像を造る習慣がなかったため、初期仏塔信仰において、釈尊像は彫刻されず、菩提樹や法輪を釈尊の代わりとして表現していました。

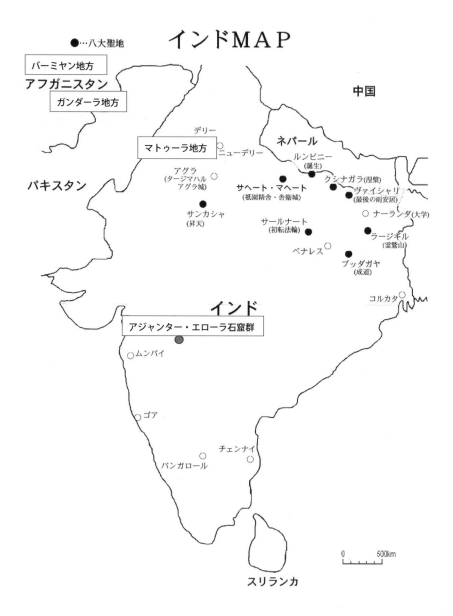

● …八大聖地

インドMAP

バーミヤン地方

アフガニスタン

ガンダーラ地方

中国

パキスタン

ネパール

デリー

マトゥーラ地方

ニューデリー

ルンビニー
(誕生)

アグラ
(タージマハル
アグラ城)

サヘート・マヘート
(祇園精舎・舎衛城)

クシナガラ(涅槃)

ヴァイシャリ
(最後の雨安居)

サンカシャ
(昇天)

サールナート
(初転法輪)

ナーランダ(大学)

ベナレス

ラージギル
(霊鷲山)

ブッダガヤ
(成道)

コルカタ

インド

アジャンター・エローラ石窟群

ムンバイ

ゴア

チェンナイ

バンガロール

0   500km

スリランカ

●造像の起源 —— 大乗仏教勃興のひとコマ ——

　先述したように仏像成立の起因は、舎利信仰に発端を見出すことができます。出家者と在家信者との間で様々な伝道方法が展開されました。その1つに仏塔の周囲の装飾として、釈尊の伝記をレリーフ彫刻した仏伝図を奉納し、伝道活動した様子が始まりと考えられています。この仏塔建立における仏伝図の作成過程について、主に次の2説が挙げられます。

(一)　部派教団と在家仏教が並列的に存在した関係から発展し、新たな教団
　　　が形成された。彼らは生活の基盤を仏塔信仰と布施に置いていた。
(二)　仏塔建立には長老達の深いかかわりがあり、仏像や彫刻にも部派各部
　　　の長老達の仏陀観、菩薩観などの思念が大きく反映されていた。
　　　＊仏塔建立や法会には、在家信者の布施[5]が受容され、在家信者と出家者との関
　　　係から次第に多様な仏陀観が形成されていきました。

●仏像の誕生

　文献では、釈尊在世中に最初の仏像が造立されたと伝えられています。それは釈尊が摩耶夫人に説法するため天に昇った時、憍賞弥国（コーサンビー国）の優塡王（skt.udayana）が釈尊を礼拝できないため、悲しみのあまり病気になりました。そのため王は、牛頭栴檀[6]をもって5尺の釈尊の御像を刻ませたところ、病気が平癒したという記述です（『増一阿含経』）。これが仏教における最初の仏像造立と伝えられています。

　しかし、実際は紀元後1世紀ごろにガンダーラかマトゥーラ地方で初めて釈尊像と思われる彫像が出現するため、この頃に釈尊の姿を彫刻するようになったと考えられています。この考古遺物の年代と同時期に成立したと考えられる『法華経』にも造仏信仰が記述されており、紀元後に入って文献と遺物が合致し、一般的に仏像の起源は、紀元後1世紀と考えられています。

　なお、初期の仏像が製作された地域は、西北インドのガンダーラ地方と北インドのマトゥーラ地方（現在はパキスタン）の2か所です。しかし、ガンダー

ラとマトゥーラのいずれにおい
て仏像が先に造られたかについ
ては、多くの説があり、未だ確
定できません。

アジャンターの石仏

●仏像の多様化

　大乗仏教が確立すると、釈尊
は超歴史化・超人格化されてい
きます。そして人間と違った存
在である「如来」として、実体化されるようになりました。さらに釈尊の多
様な性格は、薬師、大日、阿弥陀など多種の姿に象徴され、多くの仏像が作
られました。人々は、釈尊の姿をこれらの仏像に映し、礼拝するようになっ
たのです。世界宗教として各地へ伝播された仏教は、仏像という有形物を見
せることで、釈尊がイメージしやすくなり、仏陀が実在したという認識を与
えることで布教活動に役立てたと考えられます。つまり、仏教が広まった要
因として、仏像の成立が大きな役割を担っているのです。今日、仏教を考え
るとき、仏像によって釈尊の姿を思いますが、その仏教の感覚は仏像が無い
初期仏教から変化したものなのです。

『今昔物語集』巻四「阿育王、后を殺し、八万四千の塔を立つる語、第三」

　今は昔、阿育王（アショーカ王）という鉄輪聖王[7]が出現しました。八万四千の后を娶っていましたが、世継ぎの王子は生まれませんでした。そのうち、第二后が懐妊し、王子が生まれました。ところが、第二后の懐妊を知った第一后は、第二后に王子が誕生したら自分が第二后の下になると思い、嫉妬し、第二后の王子を殺して、代わりに猪の子を産んだことにしようと策略しました。そして第二后の近習の乳母を味方にして、王子を殺し、大王に猪子を産んだとして報告したため、大王は第二后を追放し、第一后は喜んだのです。

　しばらくして、ある所へ大王が行幸[8]されました。そこで追放した第二后と出会われ、王子出生の真相を知ってしまいました。大王は后の謀略で王子が殺されたことを知り、大いに怒り、第二后を王宮へ戻し、激怒のあまり、罪の有る無しにかかわらず、第一后と残りの八万四千の后すべてを死罪にしました。その後、冷静になり、この殺害を悔い、近習の羅漢に尋ねました。羅漢は、この殺害の悪報は免れ難いが、死罪にした后一人に対し一つずつ塔を建立すれば、罪が免れるといい、大王に造塔功徳（塔を作ると幸せになる）を説きました。そこで、阿育王は全国に勅[9]を下して、八万四千の塔を建立させました。

　しかし、その塔に納める仏舎利が無く、安置できないことを嘆くと、側近の大臣が阿育王の父の代に手に入れる予定だった舎利を難陀龍王に奪い取られたことを告げました。それを聞いた大王は、鬼人、夜叉神[10]の力によって、竜宮から奪い返そうと策略しました。そのことを知った龍王は、阿育王を竜宮へ連れていき、「昔、釈尊の舎利を分骨した時、八国の王が集まり、合議して罪を除くために得た舎利です。大王が私のように舎利を崇拝しなければ、罪を得るでしょう。私は（代わりに）水

精[11]の塔を立て、舎利と思って礼拝します」と述べて、大王に舎利を譲り、各塔に舎利を納めて礼拝したと語り伝えられました。

＊この話では阿育王が舎利を父の時に手に入れる予定と記すが、事実は八分舎利で譲り受けた国王の一人がマガダ国の阿闍世王であり、マウリア王朝の元がマガダ国であったと改変されて記されている。なお、アショーカ王の造塔の理由は戦没者の慰霊という伝承もある。

注

1　日本では密教呪術の１つとして、後醍醐天皇が信仰されたことで有名。

2　多宝如来は、過去仏（釈尊以前に悟りを開いた無数の仏）の１人であり、東方の宝浄国の教主。釈尊の説法を賛嘆した仏である。地中から七宝（宝石や貴金属）で飾られた巨大な宝塔が出現し、宝塔の中に安座していたという。

3　仏足石……釈尊の足跡を石に刻み信仰の対象としたもの。三十二相・八十種好の説に基づき（第３章注４）、足下安平立相、足下二輪相などが刻まれていることが多い。

4　法の輪の意。仏の教えを理想の王である転輪聖王が持つ輪宝（剣を輪の円周上から８方に向けた形状を持つインド古代の武具の一種）に例えたもの。仏が説法することを転法輪（てんぽうりん）という。法輪はよく煩悩を打ち砕くとする。

5　ダーナ（skt.dāna）檀那、旦那、壇越といい、慈しみの心を持って、他人に施すこと。第６章注９参照。

6　インド牛頭山で産出されるという高級な香木。

7　鉄輪聖王……転輪聖王に金、銀、銅、鉄の４種類あり、世界の４州をそれぞれ支配するという。鉄輪聖王は南閻浮提（なんえんぶだい）（人間界）を支配する。

8　行幸……天皇や皇帝などが宮城から出て、外遊すること。

9　「勅」とは皇帝・天皇の命令をいう。

10　夜叉神……八部衆（天・龍（りゅう）・夜叉（やしゃ）・乾闥婆（けんたつば）・阿修羅（あしゅら）・迦楼羅（かるら）・緊那羅（きんなら）・摩睺羅迦（まごらか））の１つ。

11　水精……水晶。

第 12 章

大乗仏教 I

祇園精舎の風景

仏法の大海は信を以て能入となし、智を以て能度と為す。（『大智度論』巻一）

【ねらい】

この章では、大乗仏教の起こり、大乗経典の思想の形成過程、修行僧の
菩薩道の実践を見ていきます。

1、大乗の菩薩の誕生と名称

　部派仏教時代、出家者は各々の僧院を中心に自らの修道と教義研究に励み、さらに仏教が広く伝播することによって異文化と融合し、多様な仏陀観を生み出しました。一方、在家信者は、盛んに仏塔を建立し、それを崇拝しました。そして、仏塔の功徳[1]を授かることによって、来世では現在以上の幸福の世界に生まれたいと願うようになりました（前章参照）。このような在家信者たちの宗教的欲求に対して、信仰によって救済されるという教えが説かれるようになりました（出家と在家⇒第4章参照）。

　このように部派仏教で生み出された多様な仏陀観によって、紀元前2世紀頃に過去七仏[2]や弥勒仏[3]などの過去、現在、未来に仏陀が存在するという考えが普及します。さらに、仏塔を管理し、信者たちの指導に当たり、在家仏教者を支持していた人々によって、現在にも十方（全宇宙）の諸仏は生きて存在するという信仰が生まれました。当然、これらの各思想の根底となる多種多様な経典が誕生し、それに基づく論疏（第9章参照）も編纂されて、紀元前後に大乗仏教が勃興しました。

　主に大乗仏教の誕生については、部派仏教の大衆部系教団から興起した説、あるいは前章のように仏塔崇拝における在家信者との関係から展開していった説など、諸説があり、未だ不明な点があります。

　元来、初期仏教においては、悟る前の釈尊、つまり、悟る前に無数の輪廻を繰り返していた前世、釈尊の過去世から仏陀と成るまでが菩薩と考えられていました（第2章参照）。これが大乗仏教になると、釈尊に限定せず、現在において仏道を志した者は釈尊の前世の状態と同じようなものであり、現世、今において、やがて仏となる菩薩が無数に存在していると考えるようになりました。その考えに基づいて、紀元前後から弥勒や観音[4]、文殊[5]、地蔵[6]などの菩薩たちが登場しはじめました。

●大乗の名称

skt.Mahā-yāna（マハーヤーナ、音写：摩訶衍）……偉大なる　乗り物

　　＊偉大なる（大いなる仏の教え）＋乗る＝大乗仏教

skt.Bodhi-sattva（ボーディ・サットヴァ、音写：菩提薩多）……目覚め　生き物

　　＊目覚める（真実に目覚める）＋衆生（生きとし生けるもの）＝菩提薩多（第2
　　章参照）。

2、大乗菩薩思想

　部派仏教の時代になると、釈尊の生涯を自分の修行の状態に当てはめて、
釈尊が悟る前を菩薩とし、悟りの行程を「三乗」という3つの段階に分けて
考えるようになりました。さらに大乗仏教の時代では、最終的に完成された
教えは大乗仏教1つのみとする思想が生み出されました。

　当初、三乗という考えは、修行者が仏陀の果に至るための段階を説いたも
のでした。部派仏教、北伝の部派（説一切有部系・大衆部系）で成立したと考
えられています（第9、10章参照）。その構成は「声聞乗・独覚（縁覚）乗・
仏乗」の三乗でした。ところが、大乗菩薩思想の発展に伴い、仏乗と菩薩
乗を同様に認識するようになり、三乗を「声聞乗・独覚乗・菩薩乗」と区分
し、大乗仏教の人々は、上座部仏教の人を声聞、独覚（縁覚）といいました。
さらに、仏乗と菩薩乗を同様に解釈する人は、声聞乗・独覚乗に対し、悟り
に通じるただ1つの乗りもの「一乗」とする解釈、さらに後述する「声聞乗・
独覚乗・菩薩乗」の三乗すべてを一乗（一仏乗）とする見解も生み出されま
した。そのため、誰でも仏陀と成れる性質である「仏性」を持っている。
つまり、この世の生命体には全て「仏の本性」を持つという思想になってい
きます（仏性論）。一般的には次の構成で解釈されています。

【三乗】

（1）声聞……神や悪魔の声を聞くことができる者。仏の教えを聴聞する者。

もしくは、純粋に仏の教えを聞く者もいう。

(2) 独覚（縁覚）……辟支仏（skt.pratyeka-buddha）といい、1 人で阿羅漢果を
得た者。単独で成仏し、他人に未だ悟りを説かない者、羅漢（第 7 章参照）。

(3) 菩薩……初期仏教の時代から、悟りを開く前の仏陀のことを菩薩と呼ん
でいた。その後、部派仏教や大乗仏教では、釈尊の悟りについて、その生
涯を段階的に考察するようになった[7]。悟りを得ることができるにもかか
わらず、衆生済度（救済）の誓い「誓願」を立て、単独で成仏することを
否定し、自分の縁（繋がり、関係）で結ばれる全ての衆生が苦から救済さ
れるために自利利他[8]による菩薩行（四摂事・六波羅蜜）を行う人をいう。

　＊この中で、大乗仏教の根本的な思想が（3）の菩薩行を願う人であり、次に述
　　べます。

●菩薩行

次の 3 つが菩薩行の代表的なものです。

A、「誓願」……(skt.praṇidhāna)

悟りを志すものが願いを達成させるという誓いを立てること。のちに中国
仏教で菩薩の誓願の代表的な思想が「四弘誓願」として挙げられました。こ
の四弘誓願は日本の宗派によって多少異なりますが、意義は同じです。

【四弘誓願】

衆生無辺誓願度……この世のあらゆる生き物は無辺に存在するが、すべて
　救済するという誓願。

煩悩無量誓願断……煩悩は無量に存在するが、すべて断つという誓願。

法門無辺誓願学（智）……法門（仏の教え）は無辺だが、すべて学ぶという誓
　願。「法門無尽誓願学」と同一。

仏道無上誓願成（証）……仏道修行はこの上無いが、成し遂げるという誓
　願。「菩提無上誓願成」と同一。

B、「四摂事」

　仏や菩薩等が、衆生を導くための4つの手段、方法のことをいいます。

布施……相手の好む物、財物や法を施す。

愛語……相手にやさしい言葉をかける。

利行……相手に身・口・意（行い・言語・意念）の善行を勧める。

同事……相手の機根（性質）に随い、その所行によって同化する。

　　＊これらを「利他行（自分以外の衆生の利益を求める行為）」という。

C、「六波羅蜜」

　「波羅蜜」とは、パーラミタ（skt.Pāramitā）の音写で、本来は絶対の、完全なの意。やがて解釈が広がり「彼岸」[9]　という場所に至ることも意味するようになります。彼岸、つまり「彼の岸」とは悟りの世界であり、迷いの世界「此岸」から悟りの世界「彼岸」へ到達することをいいます。悟る目的を達成するために誓いを立てることが菩薩行であり、主に次の6つ「六波羅蜜」を実行することでした。

布施波羅蜜……布施（skt.dāna）は、檀那と音写され、分け与えること。財施（喜捨を行なう）・無畏施・法施などである（第1章参照）。

持戒波羅蜜……持戒（skt.śīla）は、戒律を守ること。在家の場合は五戒（もしくは八戒）を、出家の場合は律に規定された禁戒を守ること。

忍辱波羅蜜……忍辱（skt.kṣāntī）は、耐え忍ぶこと。

精進波羅蜜……精進（skt.vīrya）は、努力すること。

禅定波羅蜜……禅定（skt.dhyāna）は、心を集中して、散乱する心を安定させること。「止」（skt.samatha、奢摩他）によって心を落ち着けるということ（主に四念処、第8章参照）。

般若波羅蜜……般若（skt.prajñā）は智慧と漢訳され、物事をありのままに観察する「観」（毘鉢舎那・skt.vipaśyanā）によって（主に四念処、第 8 章参照）、思考に依らない、本源的な智慧を発現させること。

D、「四無量心」

慈無量心……あらゆる人に深い慈しみの心を持つこと。

悲無量心……あらゆる人の苦しみを理解し、憐れみの心をもつこと。

喜無量心……あらゆる人の喜びを同感すること。

捨無量心……あらゆる人に対して平等に接し、執着を捨てて平静な心を持つこと。

　＊先の般若波羅蜜「智慧」と、この四無量の「慈悲」の実践が 2 大菩薩行です。

●菩薩五十二階位

　菩薩が行なうべき自利利他の修行によって成仏する段階があるという考えが生まれました。『菩薩瓔珞本業経』にその段階が記され、『十地経』や『華厳経』など（後述）にも説かれています。

3、大乗仏教の展開と大乗経典の出現

　大乗仏教は、時代的に初期（紀元 1〜3 世紀）・中期（4〜6 世紀）・後期（6、7 世紀以降）に区分して考えるのが一般的です。初期大乗仏教の時代の後半では、龍樹が大乗仏教の「空」の理論が体系化し、続いて中期大乗仏教では世親が出現し、大乗仏教を代表する思想である「唯識」が現れ、やがて「如来蔵」が登場します（次章参照）。そして後期大乗仏教になって「密教」が出現します。

　大乗仏教の思想が生まれた経緯は、部派仏教の段階で、多様な仏陀観、つまり「悟りへの道」を追求した結果、釈尊が菩提樹下で悟られた「智慧（般若）」の実践を求め、それを得るための般若の「空」の思想が生み出された

ことが始まりです。当初は智慧の実践を強調しましたが、次第に利他行も加わって「慈悲」（人々を慈しみ、憐れみ、愛しむ心）の精神が説かれるようになりました。

　このような大乗仏教の思想は紀元前後に出現し、紀元後1世紀には経典が成立しました。従来の初期仏典は詩句や偈文であったため、主に短文で構成されていました（第9章参照）。一方、大乗経典は釈尊の教えを物語として説くため、長文が多くなりました。そのため、経典の各章を「品」として分けて編集されるようになりました。次に大乗仏教を時代順に区分して、代表的な経典をみていきます。

A、初期大乗経典

● 『八千頌般若経』（*skt.Aṣṭasāhasrikā-prajñāpāramitā-sūtra*）

　『小品般若経』ともいう。大乗仏教が興起した紀元前後に編纂され、後の仏教発展の基礎となりました。『道行般若経』支婁迦讖訳や鳩摩羅什訳の2つの漢訳経典も同じ梵本[10]を翻訳したと考えられています。

● 『二万五千頌般若経』（*skt.Pañcaviṃśatisāhasrikā-prajñāpāramitā-sūtra*）

　『大品般若経』ともいう。紀元前後の『八千頌般若経』で形成された般若思想をもった教団によって、説一切有部などの部派仏教教団の教説（第10章参照）を空の論理（後述）で展開し、初期大乗仏教の教説の集大成となりました。竺法護訳『光讃経』、鳩摩羅什訳『摩訶般若波羅蜜経』も同種。

● 『金剛般若経』（*skt.Vajracchedikā-prajñāpāramitā-sūtra*）

　鳩摩羅什訳の『金剛般若波羅蜜経』。「空」を説く般若経典の中で「空」という用語が使われていないため、最古層に編纂されたものであるとする説もあります。

　　＊ 『八千頌』『二万五千頌』など般若経をまとめて玄奘が漢訳した経典が『大般若波羅蜜多経』600巻です。それらを要約し、般若波羅蜜を説いたことが結果

的に大乗仏教思想の要旨となったのが『摩訶般若波羅蜜多心経』（『般若心経』）
であると言われています。

「般若思想」の出現！

　「般若」とは智慧、叡智を意味します。般若思想は初期仏教以来の「無我」
が発展したもので、「諸法皆空」として「空」（skt.śūnya）を示します。古代
インド数学の「0」（skt.śūna）の思考の影響を受け、固定的実体もしくは
「我」のないことや、実体性を欠いていることを意味します。この「空の論
理」に従って、最後は「般若」（skt.prajñā、叡智）を得ることを目的とします。
この思想を基本として「中観思想」が生まれました。

●『法華経』（skt.Saddharma-Puṇḍarīka-sūtra）

　主な『法華経』の漢訳は、『正法華経』（竺法護訳、207 年）、『妙法蓮華
経』（鳩摩羅什訳、406 年）、『添品妙法蓮華経』（闍那崛多・達磨笈多共訳、601
年）の 3 つがあり、一般的には鳩摩羅什訳『妙法蓮華経』8 巻 28 品が用いら
れています。内容は大きく前半 14 品の「迹門」と後半 14 品の「本門」の 2
つに分類されています。前半の「迹門」では釈尊がこの世に出現して、菩提
樹の下で成仏したのは、仮に示された現象にすぎず、本当は釈尊が永遠の過
去から仏としての教化を行なってきたと説き、先述した「声聞乗・独覚乗・
菩薩乗」の三乗すべては、
結局、一仏乗（一乗）に
納まるとする思想、所謂
「法華一乗思想」や、衆
生が未来に仏と成ること
を予言し、確約された
「記別」[11] を授かる思想を
述べます。後半の「本門」
では釈尊が常住不変の仏

平家納経「妙法蓮華経薬王品」（嚴島神社蔵　提供　便利堂）

であるという久遠実成を説きます。後世、漢訳仏典圏では『妙法蓮華経』

が流行し、日本では、聖徳太子が「三経義疏」の1つ『法華義疏』を撰述さ

れた以降、多くの日本人が『法華経』を重用し、仏教美術では扇面写経や有

名な平家納経など、日本文化に影響を与えました。次に法華経の章品を挙げ、

主な章品を解題します。

【『妙法蓮華経』28 品の主な章品を解題】

◎前半 14 品「迹門」……二乗作仏[12]「一仏乗」を説く。

・第 2 　方便品：物事には必ず因があり、縁にふれて現象するという縁起

　の法を説く。一方、それはまだ究極の真理ではなく、人々を救うための

　方便（仮の手段）であったと考えて、「開三顕一」[13]を説く。

・第 3 　譬喩品：長者が火事から子供を救う話を喩とした「火宅の喩」に

　おいて三乗即一乗を説く。

◎後半 14 品「本門」……久遠実成、観音信仰を説く。

・第 16 　如来寿量品：釈尊は、実は久遠の昔から悟っていた根元的な仏

　に外ならないという「久遠実成」を説く。

・第 20 　常不軽菩薩品：常不軽菩薩は罵詈雑言し、迫害した人にも

　「我深く汝等を敬う、敢て軽慢せず。（私のことを侮蔑しても、私は侮蔑し

　たあなたを敬います。しかも軽々しく見ません)」

　と礼拝し、仏となった話。

・第 25 　観世音菩薩普門品：所謂『観音経』、

　観音信仰は西北インドにおいて紀元 2 世

　紀頃に生まれたとみられる。観音は「補陀

　落山」に住むとされ、南インドとの関係を

　示し、南海を航海する人々の信仰が融合し

　たと考えられる（第 9 章参照）。

南無観音菩薩

【観音】……skt.Avalokiteśvara Bodhisattva（ava〈遍く〉＋lokita〈見る〉＋īśvara〈自在者〉/svara〈音〉）

　＊一般に流通している玄奘訳『般若心経』では「観自在菩薩（かんじざいぼさつ）」と訳されました。

● 『大方広仏華厳経（だいほうこうぶつけごんきょう）』（*skt.Buddhāvataṃsaka-nāma-mahāvai-pulya-sūtra*）

　通称『華厳経（けごんきょう）』と略されています。仏陀跋陀羅訳（5〜6 世紀）60 巻本（「六十華厳」、旧訳）、と実叉難陀訳（7 世紀）80 巻本（「八十華厳」、新訳）があります。善財童子（ぜんざいどうじ）の修行過程をエピソードとし、叙事詩的に記されています。毘盧舎那仏（びるしゃなぶつ）を主体とし、仏の智慧の光は、すべての衆生を照らし、同時に毘盧舎那仏の世界は衆生で満たされ、「宇宙の総体の世界において、あらゆるものは無限の関係性（縁）によって成り立っている」という法界縁起をとき、如来蔵思想と「三界唯一心」を説いています（第 15 章参照）。

● 『維摩経（ゆいまきょう）』（*skt.vimalakīrti-nirdeza-sūtra*）

　一般に鳩摩羅什訳『維摩詰所説経（ゆいまきつしょせつきょう）』（406 年完訳）が用いられる。維摩居士（第 7 章参照）という在家者を主人公とする経典。漢訳では浄名経（じょうみょうきょう）（旧訳）、無垢称経（むくしょうきょう）（新訳）と訳されます。維摩経は、出家者ではない維摩居士と対談する釈迦十大弟子や菩薩などの登場人物が、全編にわたり戯曲的に構成されています。その内容は旧来の仏教の固定性を批判し、在家者の立場から悟りの道、大乗仏教の空の思想を説いた初期大乗仏典の代表作。互いに相反する 2 つのものは別々に存在するものではないという「不二法門（ふじにほうもん）」を説き、出家者ではなくとも悟ることができることを指摘します。聖徳太子が撰述された「三経義疏」で解説されています。

【文殊（もんじゅ）と維摩の問答】

　菩薩の中で智慧第一という文殊菩薩が

維摩居士と問答しました。維摩が文殊に対して、「真理とはどういうものか」と質問しました。その時、文殊菩薩は「不二（2つとない）の法門は、私どもの言葉では、説くことも、語ることもできないものです。真理は一切われわれの言葉を超越しています」と答えました。今度は文殊菩薩が、維摩に「不二の法門とはどういう意味か」と反問しました。すると、維摩は、ひたすら黙って文殊菩薩に答えませんでした。そこで文殊菩薩は「善い哉、善い哉、乃至、文字、語言あることなし。これ真に不二の法門に入る」と述べて、維摩の沈黙を賞讃しました。後世、この話は「維摩の一黙、雷のごとし」と呼ばれました。

● 『無量寿経』(*skt.Mahā-Sukhāvatīvyūha-sūtra*)

　サンスクリット語で無量寿を「アミターユス（skt.Amitāyus）」といいます。本来の経題「マハー・スカーヴァティー・ヴィユーハ」（大いなる極楽の荘厳）の原語の意味と『無量寿経』の経題の意味は異なります。内容は法蔵菩薩が48項目の願いを立て（誓願）、この願の目的を重ねて誓い（重誓）、そして大変長い年月をかけて修し、願が成就（目的達成）し、無量寿仏（阿弥陀仏）と成り、その仏国土の名が「極楽」であると説いています。

● 『阿弥陀経』(*skt.Sukhāvatīvyūha-sūtra*)

　「阿弥陀」はサンスクリット語「アミタ」を音写した言葉で、無量という意味です。これも『無量寿経』と同じく、本来の経題の意味と異なります。釈尊がアミターバ仏（skt.Amitābha〈漢訳：無量光〉、skt.Amitāyus〈漢訳：無量寿〉も用いられる）が居る浄土の荘厳を説き、次にその浄土に往生するために阿弥陀仏の名号を執持（しっかりと心にとどめおく）することを勧め、そして、六方世界の諸仏がこの説を讃嘆（非常に感心して褒める）・証誠（真実を証明する）して、さらに信ずる心を勧め、極楽に生まれるように願いを起こすことを説いています。

「浄土思想」の出現！

　初期仏教以来の釈尊観の発展、および『維摩経』「仏国品」や『無量寿経』の法蔵菩薩説話における仏伝の投影から、浄土教は大乗仏教の伝播に伴う菩薩思想の深化の中で、釈尊の世界観が展開したものと考えられています。

B、中期大乗経典

　バラモン教の体系がヒンドゥー教に変化していった時期、仏教も同じように大乗仏教の思想が大きく変革し、教理の主張が明らかに説かれるようになりました。

● 『金光明経』(*skt.Suvarṇaprabhāsa-sūtra*)

　曇無讖訳『金光明経』4 巻（5 世紀）、宝貴等訳『合部金光明経』8 巻（6 世紀）、義浄訳『金光明最勝王経』10 巻（703 年）があり、義浄訳が一般的に用いられています。内容や構成が『法華経』に類似し、特徴としては、空の思想を基調とし、この経を広め、また読誦し、正法をもって国王が施政すれば、国は豊かになり、四天王などの天の神々が守護（護法善神）として国家を護持することを説きます。さらに密教的呪術が説かれ、医術等も記されていることが注目できます。

● 『解深密経』(*skt.Saṃdhinirmocana-sūtra*)

　菩提流支訳『深密解脱経』5 巻（5〜6 世紀）、玄奘訳『解深密経』5 巻（7 世紀）があり、一般的に法相宗所依の経典として、玄奘訳が用いられています。般若経典に説かれる空の意図が隠されており、本経がその密意（隠れた本意）を説き明かすと述べています。同経に収められている「分別瑜伽品」に「唯識」という語が用いられるなど、初期瑜伽行派の重要な経典とされています。

● 『勝鬘師子吼一乗大方便方広経』(*skt.Śrīmālādevī-siṃhanāda-sūtra*)

『勝鬘経』と略され、『大宝積経』(49章) の1つ。波斯匿王の王女勝鬘夫人 (第7章参照) の説を釈尊が承認するという形をとっており、在家女性の説法という点が特徴です。そのため、日本において女帝であった推古天皇に聖徳太子が説いたことが『日本書紀』にも記述され、『勝鬘経義疏』があります。「十大受」「三大願」は、大乗仏教の理想・理念をよく表現したものと考えられています[14]。

● 『大般涅槃経』(skt.Mahā-pari-nirvāṇa-sūtra)

　第8章で述べたように初期仏教の頃に編纂された涅槃経典もありますが、ここでは大乗仏教で編纂された『大般涅槃経』を述べます。

　大乗仏教の『涅槃経』は、曇無讖訳『大般涅槃経』40巻 (「北本」という)、その再構成本36巻 (「南本」という)、異訳に法顕訳『大般泥洹経』6巻 (曇無讖訳の最初の10巻分相当) があり、一般的には南本が用いられています。この経は中国で南北朝時代に『法華経』と並んで尊重されました (第14章参照)。

　また、これは2月15日が釈尊の涅槃の日であることを明記した経典であり、法華一乗思想に影響して如来常住を説き、「一切衆生悉有仏性」 (全ての衆生は仏である性質を持っていること) を説きます。この衆生の本性は、常楽我浄 (第8章参照) を具えた仏陀の一様相であり、後世、日本においても「山川草木悉皆成仏」という常套句で表現される本覚思想[15]の基盤となりました。特にこの思想は後の中国・日本の仏教思想に大きな影響を与えました。

● 『楞伽経』(skt.Laṅkāvatāra-sūtra)

　菩提流支訳『入楞伽経』10巻と唐の実叉難陀訳『大乗入楞伽経』7巻があります。本来悟りの種子は衆生にも存在するという如来蔵思想が表現され、

人間の心の働きを 8 種類に分類し、その第 8 番目の阿頼耶識を根本の識とする思想を結合した「唯識」を述べる経典です。

「唯識」「密教」「如来蔵」の萌芽！

　大乗仏教の中期になると、表現できない仏陀とその教えを「密意」として解き、全宇宙世界の真理である毘盧遮那仏を中心とする宇宙世界を曼陀羅（曼荼羅）で構想し、心と宇宙の世界を認識し、唯、意識によってものごとの真実が解明すると考えるようになりました。そのようなことから衆生も宇宙の一構成ととらえ、如来になる種を収蔵しているという「如来蔵」、あるいは「仏性」を説くようになりました。

4、後期大乗経典

●『孔雀王呪経』『仏頂尊勝陀羅尼』等

　「陀羅尼」はサンスクリット語のダーラニー（skt.dhāraṇī）の音写です[16]。本来、呪文の一種で、比較的長いものをいいます。この 2 つの経典では、呪文（マントラ、skt.mantra）を唱え、印契（ムドラー、skt.mudrā）を結ぶ作法によって、仏と一体になることを説き、このような祈願は鎮護国家の大法とされ、最も重要視されました（次章注14参照）。

●『大毘盧遮那成仏神変加持経』（skt.Mahā-vairocana-sūtra）

　毘盧遮那仏を主人公とする経典で、大毘盧遮那仏（skt.vairocana）が「大日如来」と漢訳されたため、一般的に『大日経』と呼ばれています。8 世紀に善無畏が訳出。『大日経』の成立は 6 世紀前半から 6 世紀中葉と考えられています。内容構成をみると、理論部門（教相[17]）と実修部門（事相[18]）とに分かれており、密教の主要な教義が説かれ、その教理の根底にあるのは中観派で説く空の論理です。しかし、初期大乗経典では、菩提心とは「菩提を求める心」であったのに対し、この経では「菩提とは実の如く自心を知ること」

と意義が変化していきました。

● 『金剛頂経』(*skt.Sarvatathāgata-tattva-saṃgrahaṃ / Vajrasekhara-sūtra*)

　大日如来が一切義成就菩薩（修行中の釈尊）の問いに対して、自らの悟りの内容を明かし、それを得るための実践法が主に説かれた経典です。真言宗の密教では、胎蔵界は『大日経』、金剛界は『金剛頂経』を象徴しています。

密教の誕生

　釈尊は呪術などを行うバラモンの宗教儀礼を否定しました。ところが、4世紀以降、グプタ王朝に保護されたバラモン教の勢力が強くなり、仏教は土着の習俗や儀礼と習合していきました。その影響によって、祭壇を設け、火を燃やして祈禱をする護摩（skt.homa）や灌頂[19]などの儀礼や祭式が大乗仏教の中に吸収されるようになりました。このような状況下、仏教者がバラモン教的要素、土着習俗的要素を取り入れた「タントラ仏教」[20]が形成され、大乗仏教の形態の1つとして密教が確立されました。さらに曼陀羅という構図で仏の世界を表現しました（第9章5節チベット仏教参照）。密教の実践は、神秘的な体験に基盤を置いており、正確に理解することが難しいため、師匠は優秀な弟子を選び、受け継ぐべき境地に達した弟子に、秘密に教義（特に口伝を重視）を伝授しました。その弟子たちが加持祈禱[21]などの儀礼・祭式を通して密教信仰を広めて行きました。

『今昔物語集』巻四「天竺の貧女、法花経を書写する語、第四十」

　今は昔、天竺に神仏への信心が深い貧乏な母と娘がいました。母は他界する前に『法華経』（法花経）を書写し、供養して、善根（徳）を積もうと思いましたが、写経[22]する費用がありません。そこで、娘は自分の髪を売り、その費用に充てようとしました。しかし、娘が美人すぎるため、町の人は哀れに思い、彼女の髪を切ろうとしません。そのため、娘は王宮なら髪を切って購入するであろうと思い、王宮へ行きました。

　王宮では国王の息子の太子が言語障害のため、話すことができませんでした。そこで、長い髪の美女の肝を薬として飲ませば、太子が回復するという話がありました。ちょうど、娘が王宮の前に来たとき、旃陀羅[23]に遭遇したのです。彼は国王から美人で髪が長い女性の肝を取るように命令を受けており、娘を殺害しようとしました。そこで、娘は国王と対面し、母親の『法華経』の写経を全うさせるため、一時帰宅を願い出ました。しかし、国王は許しませんでした。そのため、娘は「わたしは母の孝養の為に家を出たのに、もう命を失うのでしょうか。十方の仏[24]、我を助け給え」と仏に祈念しました。

　すると、その状況を太子が見て、「大王、此の女を殺してはいけません」と声を出しました。これを見た国王、后、大臣、百官は太子が話したことに大喜びしました。そして、国王は十方の諸仏に自分の行為を懺悔し、娘に財宝を与え、娘は帰宅して母と共に『法華経』の写経を行いました。『法華経』の霊験はあらたかであると語り伝えられています。

注

1　良いこと。幸福の素。現世・来世に幸福をもたらすもとになる善行。善根。

2　釈尊がこの世に出現する以前に存在した7人の仏陀をいう。毘婆尸仏、尸棄仏、毘舎浮仏、拘留孫仏、拘那含牟尼仏、迦葉仏、そして、釈迦牟尼仏を示す。「七仏通戒偈」が有名（第6章参照）。

3　弥勒仏……skt.Maitreya。現在は兜率天で修行している菩薩「弥勒菩薩（マイトレヤ）」である。釈迦入滅後56億7000万年に至ると、悟りを開き、この世に出現する仏陀。慈尊ともいい、弥勒仏となって出現するという未来の仏。唯識論を無著・世親に教えたという人物と混同される場合もある（第13章参照）。

4　観音……観世音菩薩の略称、観自在などとも。慈悲を徳とし、最も広く信仰される菩薩。世間の出来事を自在に観察する意。救いを求める者の心に応じて、千変万化するという（第12章参照）。

5　文殊……skt.Mañjuśrī の音訳「文殊師利」の略。智慧をつかさどるという菩薩。般若経典で重視され、『維摩経』では維摩居士との問答で有名。獅子に乗る姿の形像が多い。

6　地蔵……釈尊入滅から弥勒仏出現まで現世に仏陀が存在しない間の悪世において六道の救済活動を行う菩薩。サンスクリット語クシティ・ガルバ（skt.Kṣitigarbha）は「大地を母胎、蔵とするもの」の意であり、生命を生み出し育む大地のような可能性を秘めた菩薩の慈悲を象徴したもの。一般的に左手に宝珠、右手に錫杖を持ち、頭を丸めた僧形の像で親しまれる。

7　釈尊が出家して、仙人に就いて苦行などを行い、体得した状態を声聞。悟りを得て、梵天勧請を受けるまでの状態を独覚。というように分けて理解した修道の段階をいう。

8　自らの悟りのために修行し努力すること（自利）、他の人の救済のために尽くすこと（利他）。

9　生死の迷いを河川海に喩え、その向こう岸。悟りの世界、浄土を示す。一般的に彼岸は「お彼岸」といい、春・秋分の日を中日として、その前後の3日にわたる1週間をいう。悟りの世界へ向かうという意義から、この期間に寺院で法会を行い、信者は寺に参詣し、また墓参りなどをする。このような習慣はインド、中国にもみられず、日本にしかない。

10　サンスクリット語で書かれた典籍。

11　仏が、弟子や信者の来世の悟りの内容を予言すること。仏となることの予言、のち「授記」ともいう。

12　声聞と独覚の2つを「定姓二乗」（行く道が定まった種類）と呼ばれ、自身が覚りを得ることに専念することから利他行に欠けるとして、成仏の因である仏の種が断じられて成仏することはないとされていた。

13　法華経以前に釈尊が三乗の修行を説いた教えは方便（事例、第7章注12参照）の教えであり、仏の真意はすべての衆生を成仏に導く一仏大乗であることを顕したこと。

14　十大受とは、自己を諫め、悟りに至るまでに行う10種の戒めや誓い。すなわち、煩悩

を起さず、四摂事など自利利他行の誓いを受けたことをいう。三大願は、正しい仏教を理解できること。仏教を正しく説き広めること。自分の命が続く限り無限に仏教に奉仕すること。の 3 つの願い。

15　衆生に内在する悟りの本性を説く思想で、中国仏教において『大乗起信論』（第 14 章）を中心に発展する。

16　陀羅尼……ダーラニーとは元々「記憶して忘れない」という意味で、本来は仏教修行者が覚えるべき教えや作法などを指した用語。本来の梵文の意味が翻訳することによって、多くの人の観念で原文の全意が限定されていくことを避けるため、音写して読誦した。また、梵語を使用することによって、秘密の語句とすることができた。通常、短い文句は真言・咒といい、長文を陀羅尼、大咒という。

17　教義を理論的に研究する様相。

18　修法（呪文や法具を用いて祈願すること）・灌頂など実践的な行為をして体験する様相。

19　灌頂……元来はインドで、国王の即位や立太子に際して行われたもの。それが密教に組み込まれ、仏智を象徴する清らかな水「香水（こうずい）」を灑水杖（しゃすいじょう）という棒の先に水をつけて頭に軽くあてる。師が弟子に対して行い、仏位の継承を示す重要な儀式となった。

20　タントラ仏教……元来「タントラ」は ヒンドゥー教で、女性原理であるシャクティー（性力）の教義を説く経典をいう。そのイデオロギーが 7 世紀頃に仏教経典に組み込まれ、性欲など諸欲望を積極的に取り入れた密教の信仰。

21　一般的には加持と祈禱は同じ意味に使われているが、仏教では加持と加護が同じ意味に使われ、加持と祈禱は少し異なる。加持とは仏に働きかけて仏力を受け止め持つこと。祈禱とは利益を願うこと。

22　写経……経典を書き写すこと。

23　旃陀羅……カースト制度の 4 階級の下に置かれた種姓。skt.candāla の音写。不可触民とされ、狩猟・屠畜（とちく）（食肉加工）など殺生を生業とした。日本でも中世以降、被差別民に対する呼称として使われていた。日蓮上人も「海辺の旃陀羅が子なり」（『佐渡御勘気抄』）と述べている。

24　十方の仏……4 方（東西南北）と 4 維（東南、西南、東北、西北）と上下に存在する仏。

コラム【般若の面】

　近年、タレントの名前などでも使われていますが、本来の般若の意味は、サンスクリット語のプラジュニャー（skt.prajñā）の音写で智慧という意味です。ところが、能楽で般若は「嫉妬や恨みの様相の女の顔」としての鬼女をいいます。『源氏物語』の葵の上が六 条 御息 所 の嫉妬心に悩まされ、その生怨霊にとりつかれた時、『般若経』を読んで修法を行い、怨霊を退治したことから、般若が面の名になったといわれています。能では、葵上や道成寺、黒塚などで般若の面が用いられます。現代日本では、「般若」は「般若の面」の意味で、さらには、「嫉妬や恨みのこもる女性」という意味で用いられるようになりました。

般若の面（大槻能楽堂蔵）

第 13 章

大乗仏教 II

ナーランダ僧院の仏堂

阿頼耶識、恒に転ずること暴流のごとし　　　　　　　　　（『唯識三十頌』）

【ねらい】
この章では、大乗仏教の2大思想である「中観」「唯識」思想を見ていきます。

1、中観思想

　部派仏教で最も有力であった「説一切有部」の集団は、三世実有・法体恒有の教えを説きました。それは世界の構成要素として「法」が存在し、その「法」は過去・現在・未来の三世において、常に実在しているという「法有実在論」でありました（第10章参照）。

　しかし、この実在論と釈尊が説く「諸法無我」の教義との間で矛盾や齟齬（食い違い）が生じました。そこで、法有実在論の部派教団に対して「空」の論理で対抗する集団が生まれました。「空」の論理は前章で述べた初期大乗経典の般若経典類や『維摩経』で見られますが、すでに初期仏典で萌芽が見られ、「一切皆空」・「諸法皆空」と表現されます。この「空」の論理を基本とし、中観思想が生まれました。

　中観思想の基本的な論理は、龍樹と提婆によって形成されたと伝えられ、「縁起・無自性・空」[1]の論理、「三諦」[2]、「二諦」[3]が説かれています。これらの思想は『中論』『百論』『十二門論』の典籍で述べられ、後世、中国・日本でこれらを学ぶ宗派として「三論宗」が生まれます。

●中観思想の主要人物

【龍樹（skt.Nāgārjuna）】

龍樹

　ナーガールジュナといい、2〜3世紀の南インドの富裕なバラモン出身。欲望は苦（不平・不満）の原因であると悟って出家したと伝えられています（鳩摩羅什訳『龍樹菩薩伝』）。大乗仏教の基盤である般若経典類で強調された空の思想を、弟子の提婆とともに哲学的な体系として作り上げました。

①『中論（頌）』（*skt.Mūlamadhyamaka-kārikā*）……説一切有部などの実在論を否定し、八不（不生不滅・不常不断・不一不異・不来不去）を提示して般若の空

を説く（「破邪顕正」誤りを打破して正しい考えを示すこと）。この世のすべてのものは実体として認識することはできず、単に言葉によって説かれたもの、「有」または「無」または「有無」または「非有非無（有ではなく、無でもない）」と説き、勝義（勝れた教え）においては、それらすべての言語活動すら止滅する（「有」または「無」または「有無」または「非有非無」において、その全ての否定）。つまり、全ては「無自性（無我・空）」であり、「仮名・仮説・仮設」に過ぎず、中道を観ることを説く。

② 『十二門論』……空の論理を十二門（章）にわけて解釈したもので、龍樹の主著『中論』の解説書。

③ 『大智度論』……『摩訶般若波羅蜜経（大品)』の注釈書である。初期仏教からの術語を詳説する形式になっており、仏教百科事典的に扱われる。

④ 『十住毘婆沙論』……大乗菩薩の思想と実践を『十地経』に依拠して説く。

⑤ 『宝行王正論』……龍樹が書簡体で、南インドのシャータヴァーハナ王に教えを説いたもので、仏教から見た政治論。

　　＊『十二門論』『大智度論』『十住毘婆沙論』が龍樹の著作であるという伝承については、漢訳のみ存在しているものもあり、その真偽は確定されていません。

【提婆（skt.Āryadeva）】

　2、3世紀のインドの中観派の祖。龍樹の弟子となり、空の理法を説き、『百論』を著述したと伝えられています。

① 『百論』……「経（スートラ）」という著者自身の簡略な本文とその注釈とが、漢訳として現存。『中論』に基づいて、自我・常住な実体などについての他学派の学説を批判し、空の思想を明らかにしたもの。

【清弁（skt.Bhāviveka）】

　6世紀の中観思想家で、空性を論証すべきであると主張し、後にその主張は帰謬論証派[4]の代表者である月称（skt.Candrakīrti）に批判されました。

なお、仏教史では、清弁は瑜伽行唯識学派と大きな論争を起したことで有名です（空有 諍 論）。彼の著作は次の2点が有名です。
① 『般若灯論 釈 』（*skt.Prajñāpradīpa*）……『中論』の解説書。
② 『大 乗 掌 珍論』……般若思想、空の概説書。

2、唯識思想

　大乗仏教が盛んになると、瑜伽 行 （skt.yogācara）、つまり、ヨーガの実践（呼吸法・座法・瞑想法などの訓練によって、高度な心身を実現しようとする修行法）を通して、深層心理を観察することを重視する人達のグループができ、瑜伽行派とも呼ばれました。彼らの実践を通した思索と論及を唯識説といいます。当初は実践体系を説いていましたが、次第に唯識説の理論に重点が置かれ、瑜伽行唯識学派と呼ばれるようになり、密教への影響も与えました。

　唯識（skt.Vijñapti-mātratā）とは、ただ、8種類の識（認識・心）によって、世界の存在が成り立っているという見解です。まさしく、仏教の心理学です。ここで、8種類の識とは、5種の感覚（視覚、聴覚、嗅覚、味覚、触覚）と意識の6つの認識「六識」（つまり、眼・耳・鼻・舌・身・意の6つの機根「六根[5]」の心理作用）、及び阿頼耶識と末那識の2つの無意識をいいます。これら8種の識は、あらゆる意識状態やその対象の世界と相互に結びつき、人の無意識の領域である末那識、阿頼耶識という深層意識が心の奥に存在すると説きます。その阿頼耶識を根本の識とし、一切の事象は阿頼耶識に収められる種子より変化し展開すると考えられています。つまり、私達が認識している世界は、全て自分が作り出したものであり、実は人々が各々共通の認識を持っていると思い込んでいるだけで、本当は別々にとらえられているのが実態であると指摘します。言い換えれば、世界は自分自身の心に投影されているだけに過ぎず、心の意識の持ち方によって不幸か幸福かが決まると説きます。その心の構造は心王と心所の2つに分類されます。

●心王（八識）

心王とは心の作用の主体である識をいいます。

【阿頼耶識】（第八識）

阿頼耶識（ālaya-vijñāna）は全ての心の働きの根源となる識体をいいます。

現行薫（熏）種子⇔種子生現行……「薫（熏）習」

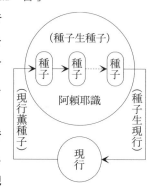

* 阿頼耶識の作用について、現在行われている行為は種子が阿頼耶識に薫じられて蓄積され、その蓄積された種子は阿頼耶識から生じて出現するという行為を瀑流のように繰り返して転回している作用。

* 薫習とは、香物を衣類に近づけると、物にその香りが移り、いつまでも残る状態を喩とした用語。自分の行為が、阿頼耶識に習慣となって残る現象。この場合、香りを種子として、衣類を阿頼耶識の心に置き換えています。

【末那識】（第七識）

阿頼耶識に自己に執着（我執）する四煩悩（我痴[6]、我見[7]、我慢[8]、我愛[9]）が付着した識体をいいます。

* 四煩悩は自我意識の中にあり、除くことが難しく、本能的な自己中心的作用である煩悩。

受動的方向＝浅より深へ	第一眼識	（視覚）	能動的方向＝深より浅へ
	第二耳識	（聴覚）	
	第三鼻識	（嗅覚）	
	第四舌識	（味覚）	
	第五身識	（触覚）	
	第六意識	（知・情・意）	
	第七末那識	（自己中心性）	
	第八阿頼耶識	（貯蔵するこころ）	

●心所

心所とは心王に相応（相対する）して起こす精神作用をいいます。

遍行（心が対象に働きかける作用）、別境（善なる対象に働きかけて起こる作用）、善（悟りへ働きかける作用）、煩悩（悟りを妨げる作用）、随煩悩（煩悩に付

随する作用）、不定（睡眠など善悪どちらにも定まっていない作用など 6 つの作用）。

●唯識思想の主要人物

【世親（天親・skt.Vasubandhu）】

パキスタン出身。当初、説一切有部の学者でしたが、兄の無著（後述）から大乗仏教を勧められ、今までの説一切有部の教義を聞いていたことを嘆き、自らの耳をそいで、瑜伽行唯識学派に入ったといわれています。代表的な著作を次に挙げます。

① 『唯識三十頌』……唯識思想を要約した 30 の偈頌。

② 『仏性論』……如来蔵を体系的に説明する大乗の論書で、縁起分、破執分（3 品）、顕体分（3 品）、弁相分（10 品）から成る。

③ 『阿毘達磨倶舎論』……界品・根品で基礎的概念を説明し、世間品・業品・随眠品で迷いの世界を解明し、賢聖品・智品・定品で悟りに至る道を説く。最後に付録の破我品で異説を論破する。

＊『阿毘達磨倶舎論』は『倶舎論』と略され、説一切有部を中心としたアビダルマ仏教の教義で、仏教の基礎知識や世界観を説き、仏教の基礎教義となりました。そのため、「唯識三年倶舎八年」といわれ、唯識と共に学ばれ、後世「倶舎宗」となり、法相宗の基礎学問として発展しました。特に注目するのは、『倶舎論』の「界品」「世間品」は、時間、空間、物質論を説く「極微論」（物質（色法）を極限まで分割した「原子論」のような思考法）や「刹那論」（時間を極限まで分割した最小単位で、時空間の思考法）を述べており、仏教の物理学ともいわれています（資料5）。

④ 『無量寿経優婆提舎願生偈』（『浄土論』）……無量寿経の注釈論書。浄土へ往生するため、「礼拝門」「讃嘆門」「作願門」「観察門」「回向門」の五念門を説く。

＊④は中国、日本の浄土教の基層思想になります。

【無著　(skt.Asaṅga)】

　世親の兄。無著はインド中部で大乗仏教の修行の1つである瑜伽行に努めました。伝説によると、この時に彼は、神通力で兜率天に向かい、そこで弥勒（skt.Maitreya）から大乗仏教の唯識思想を学んだと伝えられています。

① 『瑜伽師地論』（*skt.Yogācārabhūmi*）……本書は弥勒の著作ともいわれ、瑜伽行者が認識する対象（境）、修行、果報（結果）を明確に述べ、阿頼耶識説、三性説（後述）、唯識説、その他のさまざまな問題を詳しく説いている。

② 『大乗荘厳経論』（*skt.Mahāyāna-sūtrālamkāra*）……大乗経典の荘厳という題名を持ち、仏や菩薩の実践論を説明する論書である。偈頌と長行（解釈文）という構成からなる。『瑜伽師地論』を基盤に作成され、発展させられたものと考えられている。阿頼耶識、三性説という思想は見られず、虚妄分別（実社会の世界の見方、見解）や所取（主観）と能取（客観）の考え方で唯識説を展開していることから、初期の唯識説に属するものと考えられている。

③ 『摂大乗論』（*skt.Mahāyāna-saṅgraha*）……10巻。無着までの大乗仏教の教義をまとめたもので『解深密経』・『十地経』・『般若経』が引用されている。中国ではこれを論拠として摂論宗が誕生した。阿頼耶識の三性説を中心に唯識を説き、六波羅蜜行と十地の修道論（前章参照）、三学[10]、涅槃、仏身まで論じている。

【護法　(skt.Dharmapāla)】

　ナーランダ寺の学頭となり、32歳で没したと伝えられます。弟子の戒賢（skt.Śīlabhadra）は高名。戒賢に師事した玄奘によって中国に伝えられ、その学説が『唯識三十頌』の注釈である『成唯識論』と伝えられ、法相宗の根本論書となりました。

『成唯識論』……冒頭で「護法菩薩造」と記されているが、本書自体を護法

が全て著作したのではなく、世親の『唯識三十頌』について、玄奘が護法の学説を基盤とし、インドの 10 人の唯識研究者（十大論師）が施した注釈を合糅訳し[11]、集大成したものを 10 巻に収めた。ただし、その基盤となった護法説をはじめ、各唯識の研究

ナーランダ大学・僧房

者が記した『唯識論』のサンスクリット原本の存在は、未だ確認されていない。

【安慧 （skt.Sthiramati）】

安慧は 6 世紀中葉に西インドのヴァラビー地方で活躍しました。同時代に護法がおり、彼と対峙する学説を唱えたため、瑜伽行唯識学派は有相唯識説と無相唯識説の 2 つの学派に分かれました。護法は前者の説、安慧は後者の説が代表とされています。

有相唯識説 (護法)……阿頼耶識を実有の識体と見なし、それが変化して、見るものと見られるものとが生ずるという説を立てる。

無相唯識説 (安慧)……阿頼耶識もまた空として、究極的に否定し、見るものと見られるものとが分かれない絶対知が得られると説く。

　　＊有相唯識説は中国において法相宗の唯識説となりました。一方、無相唯識説の思想は、中国において『大乗起信論』や仏性論などの如来蔵思想の研究が盛んになり、後世に華厳宗や天台宗、真言宗の唯識観へ展開していきます。

護法・清弁の空有の諍論

5、6 世紀になると、中観学派が空を重視、瑜伽行唯識学派が有を重視す

るところから、これに基づいた論争は「空有諍論」と言われています。中観派と唯識派との論争は、インドにおいて解決できず、中国においても議論されます（『今昔物語集』後述）。

●三性説 <ruby>三性説<rt>さんしょうせつ</rt></ruby>

三性説は『<ruby>唯識<rt>ゆいしき</rt></ruby><ruby>三十<rt></rt></ruby><ruby>頌<rt>じゅ</rt></ruby>』に述べられ、『<ruby>摂大乗論<rt>しょうだいじょうろん</rt></ruby>』で主に解説される教義です。我々の見ている世界は見方によって3通りの<ruby>顕<rt>あらわ</rt></ruby>れ方をするという考えです。

①この世の事象は全て縁によって起こり、相互に依存し、絶えず変化している（<ruby>依他起性<rt>えたきしょう</rt></ruby>）。

②人々はそれ①を誤って固定的に実在するものと捉えてしまう（<ruby>遍計所執性<rt>へんげしょしゅうしょう</rt></ruby>）。

③その①②ような分別を離れると、あるがままの姿が現れる（<ruby>円成実性<rt>えんじょうじっしょう</rt></ruby>）。

【<ruby>蛇縄麻<rt>だじょうま</rt></ruby>の喩】

ある人が夜道を歩いていたら、蛇と思いビックリしたが、よく見ると、縄であり、蛇と誤解した。さらに、縄をよく見ると、それは麻でできたものだった。自分の勝手な認識で、蛇と思い、落ち着いてよく見ると縄であった。しかし、その縄は麻で編まれた物体であり、事実は麻であった。

＊これは『摂大乗論』で解説される有名な比喩ですが、人は自我意識によって誤解を生じる。思い込みが強く、前述②の普遍的に自分の都合で推し計る所によって執らわれる性格を持つということを説いています。

ナーランダ大学・中心舎利塔、講堂

●因明（skt.hetu-vidyā）……仏教の論理学

古代インドでは「五明」という学問が研鑽されました。「五明」とは、①声明（音韻・文法・文学）、②因明（論理学）、③内明（教理学）、④工巧明（工芸・数学・暦学）、⑤医方明（医学）をいいます。特に①声明と②因明は東アジアの文化に大きな影響を与えました。

その中で「因明」はサンスクリット語のヘートゥ・ヴィディヤー（skt.hetu-vidyā）の漢訳です。「因」は論証の根拠となる名辞（言葉に表現された概念や認識）のことをいい、「明」とは学問で証明する意義です。

因明の歴史は 2 世紀にニヤーヤ学派（第 1 章参照）によって成立し（古因明）、ヴェーダの問答法から発展していきました。論議にあたって五支（五分）作法と呼ばれる論式が立てられたことが始まりと考えられます。それが仏教に受容され、5、6 世紀にディグナーガ（陳那、skt.Dignāga）によって確立し（新因明）、さらにダルマキールティ（法称、skt.dharmakīrti）やシャンカラスヴァーミン（商羯羅主、skt.Śaṅkarasvāmin）が発展させました。さらに中国へは玄奘（次章参照）が唯識思想と共に伝え、法相宗の学問の 1 つとなりました。

日本で因明は、奈良時代から研究されており、院政期には悪左府と呼ばれた左大臣藤原頼長が因明を学んだといわれています。

因明……主張「宗」・理由「因」・実例「喩」・適合「合」・結論「結」

【論理の展開例】

・太陽は運行すべし……「宗」

・場所を移動するが故に……「因」

・たとえば、人の如し……「喩」

・人のごとく太陽もまたかくの如し……「合」

・場所を移動するが故に太陽は運行すべし……「結」

なお、仏教においては、先述の五支作法ではなく、主張「宗」・理由「因」・実例「喩」の三分作法で論証するようになり、これを「三支作法」と呼ぶようになりました。また、物事を 4 つのパターンで考える「四句分別」という

考証方法もあります[12]。

【陳那 (skt.Dignāga)】

5、6世紀に活躍し、南インドのバラモン出身。初めは、説一切有部であったが、後に世親の弟子になったと伝えられています。

> ＊陳那著『因明正理門論』……知識の確実性を論証する際に、現量（直接知覚）と比量（推理論証）を論証の規範としました。のちに弟子たちによって、『因明正理門論』に対する註釈、さらにその解説において「四相違」[13]に対する考証が多く研究されました。

『今昔物語集』巻四「護法、清弁二菩薩、空有の諍の語、第二十七」

　今は昔、天竺に世親菩薩の弟子である護法菩薩と、提婆菩薩の弟子である清弁菩薩がいました。清弁は「諸法は空なり」という説を立て、護法は「有なり」という説を立てて、両者互いに自分の学説が真実と言って争っていました。そこで、護法菩薩は「人間界でこの論争の当否を判定する者はいないため、弥勒菩薩[14]にお尋ねしよう」というと、清弁菩薩は「弥勒菩薩は菩薩の位で、まだ完全に悟りを得た仏陀となっていないため、仏に成られてからお尋ねすべきである」と答え、この論争は終わりませんでした。

　その後、清弁は3年間、観音菩薩に随心陀羅尼[15]を唱えて、弥勒下生[16]の時まで、弥勒に当否を尋ねることを人間界で待ち続けることを祈念したところ、観音菩薩が駄那羯磔迦国[17]の山の執金剛神[18]に祈請するお告げを下されました。そこで、清弁は駄那羯磔迦国の山へ行き、執金剛神の陀羅尼を唱えました。すると、執金剛神が出現し、秘密の作法を使い、阿索羅宮[19]の中で弥勒下生を待つことを教えられました。

　清弁は3年間作法のとおりに祈り、芥子の呪文[20]を唱えると、山の岩の壁に暗黒の穴があき、清弁が入っていったと語り伝えられています。

注

1　『中論』に基づく論理。中観思想における「縁起」は、あらゆる一切の存在・事象は、相互関係において成立し、そこに固定した実体の存在（自性）は無いという「無自性」や「空」を説く。

2　『中論』に「法無」（空性）、「仮」（仮名・仮説・仮設、つまり概念）、「中」（中道・中観）の 3 つを説く。後に天台宗の教義に影響を与える。

3　「世俗諦（せぞくたい）」と「勝義諦（しょうぎたい）」の 2 つをいう。前者は「世俗における真理」であり、仮の真実か否か明確ではない状態。後者は「最高の真理」であり、言葉や行動表現を超えた真実の状態をいう。

4　自ら主張せず、ただ対論者の主張の過失を指摘することによって空の性質を論証すべきと主張した学派。

5　六根……人間が持つ 6 種の感覚器官。

6　我痴とは、真実が見えない状態のことをいい、愚かさをいう。無明と同意義。

7　我見とは、間違った見方。自分の都合に合わせて物事を見てしまい、相手の真実を見失うこと。周りを見ず、自分しか見ていない状態のこと。

8　我慢とは、自分に驕り、相手を見下すことをいい、現在の用法では辛抱と同じ意味ではあるが、本来は「傲慢（ごうまん）」と同様な意味。

9　我愛とは、自分に執着し、自己中心的に愛す状態のこと。我のみを愛すること。

10　三学……戒（戒律、煩悩を防ぐこと）・定（禅定、心を安定させること）・慧（智慧、正しい判断力）の 3 つを学ぶこと。

11　合糅訳……多様な典籍の重要箇所をつなぎ合わせて訳したこと。

12　事例として、①A であり B でない。②A でなく B である。③A でも B でもない。④A でもあり B でもある。という 4 つの思考法を龍樹が提唱したという。

13　4 つのパターンで自らの提案に矛盾、齟齬する要因。4 つの捉え方ができたため、食い違いが生じて明らかにできなくなり論が破綻したこと。

14　弥勒菩薩……マイトレーヤ（skt.Maitreya）、マイトリー（skt.maitrī）は慈しみという意味のため、慈氏ともいう。インド波羅奈国（バーラナシー、ベナレス）の婆羅門に生まれ、阿逸多ともいい、実在の人物という説もある。一方、釈尊に未来成仏の記別（未来に成仏することを予言）を受けたという弥勒仏を示す場合もある（前章参照）。兜率天に上生し、その内院で諸天を勧導している。釈尊入滅後、56 億 7000 万年後に人間界へ出現して、竜華樹の下で成道し、衆生済度するという。

15　随心陀羅尼は観世音随心印咒といい、『陀羅尼集経』所収。

16　弥勒下生……弥勒菩薩が天から最後に輪廻して、人間界へ下り生まれること。なお、人間界から天界へ輪廻して生まれ変わることを「上生」という。

17　駄那羯磔迦国……南インドのベズワダ市。

18　執金剛神……一般に金剛力士、仁王の 1 人。手に金剛杵を持つ仏教守護神。那羅延金剛（ならえんこんごう）

とペアーで仁王天という。

19　阿索羅宮……阿索羅は阿修羅の異字音写であり、阿修羅が住む宮殿をいう。阿修羅は修羅道に落ちたものをいうが、古来、インド仏教では仏教の守護神とされ、元はバラモン教の最勝の精霊神であり、戦闘を好む恐るべき鬼神とされた。地下、地底、海底の宮殿に住むという。

20　芥子の呪文……芥子粒に祈りを込めて咒文すること。「開け胡麻」と同様な意味であるが、「開け胡麻」は「開け護摩」として考えられ、護摩壇で火炎作法をする折に呪文を唱え、護摩の炎の口を開け、諸仏諸菩薩、諸天を呼び出して、呪術を行うことと考えられる。

コラム【バーミヤンとヘレニズム】

　アフガニスタンの中央部に位置するバーミヤン渓谷は古代以来の都市であるバーミヤンの町を中心とするヒンドゥークシュ山脈中の渓谷地帯で、標高 2500m ほどの高地に位置します。シルクロードの中継地点として西洋と東洋の文化が融合し、ヘレニズム文化が生まれました。

　古代から存続する都市バーミヤンの近郊には、1 世紀から石窟仏教寺院が開削され始めました。石窟の数は 1000 以上にものぼり、仏教美術の優れた遺産です。5 世紀から 6 世紀頃には高さ 55m（西大仏）と 38m（東大仏）の 2 体の大仏をはじめとする多くの巨大な仏像が彫られ、石窟内にはグプタ朝のインド美術やサーサーン朝のペルシア美術の影響を受けた壁画が描かれました。バーミヤンの仏教文化は繁栄をきわめ、630 年に玄奘がこの地を訪れたときにも大仏は美しく装飾されて金色に光り輝き、僧院には数千人の僧が居住していたと伝えられています。

　近年、バーミヤンはアフガニスタンの政治抗争による激しい戦闘の最前線となりました。1998 年、イスラム原理主義政党のターリバーンの攻勢を受け、バーミヤンは陥落し、2001 年 3 月にはターリバーンはバーミヤン遺跡の 2 体の大仏（磨崖仏）を爆破して国際的な非難を浴びました。

　なお、バーミヤンの食生活は、ナンやジャガイモ、カレー、ケバブなど、東西文化が融合したイスラム、インド系の料理で、中国料理ではありません。

バーミヤン大仏

第 14 章

中国仏教 I

玉門関

本来無一物　（『六祖壇経』）

【ねらい】

この章では、仏教がインド文化圏から中国文化圏へ伝来した状況、さらに中華思想との習合と乖離の展開を見ていきます。

1、中国の仏教伝来

　中国の仏教伝来の年代を明確に特定することはできません。伝説的な時期である周の穆王（ぼくおう）の時に伝来したとする説や秦始皇帝の時代に伝来したとする説などがありますが、これらは後世の中国仏教徒による創作であると考えられています。文献で見られる一般的な説は『後漢書』と『魏書』の記載が挙げられます[1]。前者の『後漢書』は、永平年間（58〜75年）に白馬に仏典を載せて迦葉摩騰（かしょうまとう）（摂摩騰（しょうまとう））、竺法蘭が伝えたという白馬寺の伝説を載せています。後者の『魏書』は、元寿元年（紀元前2年）に大月氏国（だいげっしこく）（アフガニスタン北部）の使者が「浮屠経（ふときょう）」という仏典を中国人へ口伝されたという説を記しています。

●迦葉摩騰と白馬寺

　中国の仏教伝来の中で最も普及している説は、後漢の明帝永平10年（67年）に迦葉摩騰、竺法蘭が伝えたという伝承です。これは明帝が夢の中で金色に輝く「金人」を見て西方に仏がいることを知り、大月氏国に使者を派遣して『四十二章経（しじゅうにしょうきょう）』を写させ、さらに仏寺を建立したといい、この仏寺は洛陽の白馬寺であると伝えられています（口絵〈写真16〉）。

◎『後漢書』西域伝

　「世間に伝わる話では、明帝が金人の夢を見ました。それは、大きく長く、頂が光り輝いていたため、臣下に問いたところ、〈西域に神がいて、その名を仏といいます。その形は1丈6尺（約3.2m）[2]で黄金色をしています。〉と。」

◎『魏書』「釋老志」巻114

　「ある時、摩騰、法蘭が天竺より浮屠像（仏像）と経論を持ってきた。四十二章経と釈迦像であった。」

　『魏書』「釋老志」や『理惑論』には具体的な経題（四十二章経（『大正』17巻所収）、『阿含経』に基づいた教説）が記されています。ただし、その経典を翻訳した時期は定かではありません。

　＊当時の経典翻訳の状況を踏まえると、中国伝来当初の漢訳経典が初期仏典であることは妥当かもしれません。

【中国と西域との国交の始まり】
　紀元前2世紀後半、前漢武帝が大月氏国との友好を図り、使者・張騫を派遣しました。この時期は、アショーカ王がインドを統一した時期とほぼ一致します。当時のインドでは、伝道活動が盛んに行われており、大月氏国などが東の国々へ仏教を広めたことが考えられます。先述した元寿元年（紀元前2年）大月氏国の使者が中国へ伝えたという伝説も荒唐無稽な話ではないように思われます。

【中国での仏教伝来の姿】
①最初の伝来形態が仏像と経典（釈尊自伝等）のみであったことを意識している姿か見出せる。先述したように文献でみる中国の仏教伝来の記述をみると、梁の『高僧伝』に「仏神」と表現され、『後漢書』では「西方有神」とあり、「神」として認識されていました。仏教教義の理解は少なかったと考えられます。
②仏獣鏡や揺銭樹などに見られる仏像形の遺物が出現しています。「仏獣鏡」とは鏡背面の図柄に人間の形（仏像）をモチーフにした像、および神獣が鋳出されている鏡をいいます。また、「揺銭樹」（口絵〈写真17〉参照）という青銅でできた樹木に五銖銭[3]が鋳造され、そこに仏像の姿で表現された神像がはめ込まれています。これらが、紀元前1世紀〜紀元後3世紀

に推定される中国の遺跡から出土しています。

　　＊これらの遺物は仏像的図像が用いられているのみで、仏教教義が組み込まれて
　　　いるとは考えにくく、①の記述のように「神像」とした認識であったことがう
　　　かがえます。

●翻訳僧

　翻訳僧は「訳経僧（やっきょうそう）」とも呼
ばれ、経典の翻訳に携わった僧
をいいます。後に、インドや西
域から経典をもたらし、のち、
経・律・論の「三蔵」を漢訳し
た人々を尊称して「訳経三蔵」と呼ばれ、さらに後世になると「三蔵法師」
とも呼ばれるようになりました。後述するように鳩摩羅什三蔵や玄奘三蔵な
どが代表的な人物としてあげられます。中国伝来時期、鳩摩羅什以前の翻訳
仏典は「古訳」と呼ばれています。

【中国伝来初期の翻訳僧】

・安世高（あんせいこう）（2 世紀）……最初の訳経者、安息国（パルティア）の出身。初期仏典
　翻訳。

・支婁迦讖（しるかしん）（2 世紀）……大月氏国出身。『道行般若経（どうぎょうはんにゃきょう）』、『般舟三昧経（はんじゅざんまいきょう）』を
　翻訳。

・竺法護（じくほうご）（2〜3 世紀）……西域系民族、敦煌（とんこう）出身。法華、般若、維摩などの経
　典を翻訳。

・康僧鎧（こうそうがい）（3 世紀）……康国（サマルカンド）の出身。『無量寿経』を翻訳。

　ここで挙げた 4 人の翻訳僧は全員が中央アジアを中心とする西域人であり、
インドより東の国々へ仏教の伝道活動を行っていたことがわかります。ただ
し、当時の中国以東ではアニミズム（物体に霊魂、命を持っているという観念）

を中心とした信仰が主であり、それらの地域では熱烈な布教や伝道活動は見られませんでした。ここに、自然崇拝する宗教と教祖・教義を持った宗教との差異が見られます。

２、中国思想との融和（格義仏教）

　仏教はインドの文化の中で生まれました。当然、インドと中国では気候や風土は勿論、物事の認識や感覚も異なります。そのため、中国に仏教を弘めるためには、インド独自の文化を中国文化に置き換えて解釈する必要がありました。例えば、象はインドで尊重されている動物で、仏教のモチーフとしても多く見られますが、元来、中国には生息していません。仏教の哲学的な認識も中国思想に置き換えて解釈して経典を翻訳することが必要です。それらについて中国的に解釈することを「義（教え）を格（あ）てる」という意味で「格義（かくぎ）」といい、その仏教を格義の仏教といいます。

● 『理惑論（りわくろん）』
　後漢末期に牟融（ぼうゆう）が著作したと伝えられ、その文章は 6 世紀に記された『弘明集（みょうしゅう）』に収録されています。中国人が仏教に対して抱いた疑問や批判が率直に記されています（資料 3）。

● 『本無論（ほんむろん）』
　五胡十六国時代、道安（どうあん）（314〜385 年）が著作したといわれています。一切の法（真理）は本性（本質）が空寂（実体が無い）であるため、本無（本来無い）であると論じ、本無中心思想を中華思想の「五陰本無 4」に見出しました。同時期に同じく般若の「空」を老荘思想と対比して考証した東晋の支遁（しとん）（314〜366 年）もいます。

● 『不真空論（ふしんくうろん）』

南朝時代に僧肇（384〜414年）が著作したといいます。彼は鳩摩羅什（後述）の弟子であり、インドの「空」の思想を中国思想に合わせる問題について次の3節を提示しました。

- 「心無」万物に対して無心になるということで、万物自体が無いということではない。
- 「即色」色（物質的なもの）といっても、それ自身だけではない。
- 「本無」本来無であること。「非有」は有がそのままでなく、「非無」は無もまたない。

【神滅、神不滅論争】

南朝の范縝（450〜515年）は『神滅論』を著し、道教や儒教に基づいて、人が死ぬと肉体の他に神（霊魂）[5] も消滅すると主張し、死後の霊魂観を説くのは教化するための方法の1つと論じました。一方、宗炳や慧遠（後述）など、南朝系六朝の仏家は輪廻転生の主体となる常住不滅の「神」の存在を考え、神不滅論を提唱しました。

*当時の東アジアにおいて死後の世界や未来観は明確に論説されておらず、それらを論理的に解説された輪廻と業の思想がインドから伝来したことは大きな刺激であったと考えられます。

●『沙門不敬王者論』

東晋、廬山の慧遠[6]（334〜414年）の著作といわれ、南朝の皇帝（桓玄）に仏法は王法に従属しないことを明確に説きました。それは、仏教に帰依[7] することは、三宝に帰依することであり、その三宝の1つである僧侶を帝王が敬礼することになります。帝王は世俗の一員ですが、僧侶は出家して世俗を離れたため、軽んじてはいけないと説きました。つまり、帝王が三宝（仏法僧）に帰依（礼拝する）するということは、帝王よりも僧侶の方が上位になり、偉い立場だということになります。これが儒教の忠義の精神と相反しま

した。

　＊この南朝の仏教に対する考えが、梁武帝に大きく影響し、百済、日本に伝播しました。

●偽経の成立

　偽経（疑経）とは、一般的にインド、または中央アジアなどの原典から中国語に翻訳されたのではなく、中国人が漢語で撰述し、あるいは長大な漢訳経典から抄出（部分的に取り出す）[8]して創作した経典をいいます。一方、インド文化圏で成立した経典を中国文化圏では「仏説」（釈尊が実際に説いたという経典）と認識していましたが、これらも釈尊が入滅した後に成立したものです。実際は『ダンマパダ』（『法句経』）などの初期仏典が釈尊の言葉に近く、それをそのまま述べている「仏説」経典であると思われます。

　ところで、偽経は格義仏教の展開で生み出された経典です。伝来当初、老荘思想[9]に則して仏教を伝道するために仏陀が老子の生まれ変わりであると説いた『老子化胡経』などが著作されました。また、儒教の根本精神に通じる孝順心が強調された経典もできました。『父母恩重経』『盂蘭盆経』『梵網経』[10]などが挙げられます。

【お盆の始まり】

　お盆の正式名称は「盂蘭盆」といい、サンスクリット語ウランバナ（skt.ullambana）の音訳とされ、倒懸と漢訳されます。近年、古代イランの言葉で「霊魂」を意味する「ウルヴァン（skt.urvan）」が語源とする説もあります。中国（或は西域）で成立したと思われる『盂蘭盆経』に基づいて行われる行事です。もともと、夏安居の最終日に人々が僧たちに飲食などの供養をして、善行を積む行為でした。それが発展して、祖先の霊を供養し、餓鬼に施す行法「施餓鬼」となり、さらに中国思想に合わせた孝の倫理に影響を受けて成立したと考えられています。

　『盂蘭盆経』によれば、目連尊者（第7章参照）が、六道の1つである餓鬼

道に落ちて苦しむ母親を救おうとし、釈尊の教えに従い 7 月 15 日の夏安居の終了日（第 6 章参照）に百味の飲食を盆に盛り、修行を終えた僧たちに供養した。その功徳（幸福になる要因・善行、p176 注 1）によって母親を救うことができたと説かれています。この説話によって、7 月 15 日の盆供養は現在の父母のみならず、過去の 7 世（7 代前）の父母をも救えると考えられました。6 世紀の中国の風習が記されている『荊楚歳時記』などをみると、この盂蘭盆は少なくとも梁代に朝廷や民間で行われており、中国では親孝行などの孝思想を重視するため、それと結びついたと考えられます。以後、中国の年中行事の 1 つとなって大いに流行しました。日本へは飛鳥時代に伝わったと考えられています。

＊『日本書紀』推古 14 年条、斉明 3 年条に 7 月 15 日の法会が記されています。

3、南北朝の仏教

　中国王朝は三国、五胡十六国時代の後、主に中国大陸の華北地域と華南地域に勢力を持つ南北の 2 つの国家が並立する形態になりました。広大な中国では、国内でも南北で気候や風土、風習などが異なるため、仏教の捉え方も相違するようになり、いくつかの学派が生まれました。それらは後世「宗派」といわれる教理思想の信仰団体と展開していきます[12]。

北朝……北魏では「太祖は、叡明で仏教を好まれる天子であり、〈当今の如来〉である。」という法果[13]の「王即仏」の思想を重視しました。
南朝……帝王が三宝に帰依し、梁武帝が「菩薩天子」と言われ、「王即菩薩」の大乗菩薩の思想（大乗菩薩道）を重視しました。

　なお、仏教は北朝より南朝の方が盛んであり、支遁と交流があった王羲之などの文化人が興味を持つことも多くありました。一方、北朝では、純粋な中華思想を重視し、道教、儒教を尊重する皇帝も現れ、『沙門不敬王者論』に

見られるような思想の場合、臣下の忠義を強調するには都合が悪いため、仏教を迫害しました（但し、政治的な要因もある）。これらは、後に唐や五代時代の皇帝の廃仏行為を合わせて、その皇帝の名称を取り「三武一宗の法難（廃仏）」と呼ばれるようになりました。

三武一宗の廃仏

1、北魏、太武帝（5世紀中期）

2、北周、武帝（6世紀後期）

3、唐、武宗（9世紀中期）……最も激しい仏教弾圧を行ったと伝えられており、「会昌の廃仏」と呼ばれています。

4、後周、世宗（10世紀中期）

●諸学派（宗派）の起こり

中国へ仏教が伝来し、格義の仏教など中国思想に融合して行く時代を経て、多くの経典が翻訳され、様々な解釈がなされました。そして、それぞれの仏典を研究する僧侶たちのグループ（学派）が生まれていきました。そのようなグループを現在では「宗派」と表現する場合がありますが、当時の用語として使われていませんでした。本書では便宜上、そのようなグループを宗として表現します。

【地論宗】

菩提流支訳『十地経』と世親の『十地経論』を研究する一派です。隋代には、浄影寺の慧遠[14]が現われ、『大乗義章』を著わし、六朝[15]以来のさまざまな学説を地論宗の立場によって集大成しました。

【摂論宗】

真諦（後述）によって中国に翻訳・紹介された無著の『摂大乗論』と世親の『摂大乗論釈』などに基づいて（第13章参照）、インドの瑜伽行唯識学派の教理を研究する宗派です。7世紀に玄奘の『成唯識論』が広まると、それとは系統の異なる真諦の伝えた唯識説は、のちに法相宗の学問で論議の対象となりました。

【涅槃宗】

第12章で紹介したように『涅槃経』は初期仏教と大乗仏教の2つの時代で成立し、この涅槃宗は大乗仏教の『大般涅槃経』を研究する宗派です。鳩摩羅什門下（後述）によって研鑽され、鳩摩羅什門下は、師である鳩摩羅什が訳した『法華経』よりも『涅槃経』を重要視し、「法身常住（仏陀の真理は永遠な存在)」「一切衆生悉有仏性」などの教理を研究しました（第12章参照)。さらに梁代になると、多くの注釈書が記され、梁代の名僧の1人である法雲[16]も涅槃宗の教学の影響を受けました。しかし、隋代になると、智顗によって天台宗の教義（次章参照）に取り入れられました。

【三階教】

信行（540～594年）が開いた新興仏教の一派で、三階宗、普法宗とも呼ばれ、『大集経』の教義に基づいていました。三階とは正法、像法、末法の3段階のことをいい（後述)、末法の時代に入ると、人類が汚れた世情になり、人々は邪な心しか持たず、僧侶自身も同じく愚劣な羊のような存在であると考えられました。そのため、僧侶も衆生も徹底的に自己の悪を自覚すべきだと主張しました。ちょうど、この時代に北周で廃仏が行われたため、多くの民衆が信仰し、末法思想（終末論[17]）が伝播するようになっていきました。

末法思想……仏教の終末思想

①「正法時代」……釈尊の入滅から、500年間。「教・行・証」[18]の3つが

存在。

② 「像法時代」……正法時代
の後、500 年間（1000 年間
説）。「教・行」の 2 つのみ
が存在。

③ 「末法時代」……像法時代
の後、1 万年間続きます。
「教」のみ存在。

④ 「法滅時代」……仏の教えも滅ぶ世の終わり。

4、三蔵法師

「三蔵法師」とは、経蔵・律蔵・論蔵の三蔵（第 9 章参照）に精通した僧侶（法師）の翻訳僧の呼び名です。彼らは、新しいインド文化圏の仏教思想を中国へもたらし、中国仏教思想の展開に寄与しました。仏教伝来初期の翻訳は「古訳」、鳩摩羅什訳以降を「旧訳」、玄奘訳以降を「新訳」といいます。特に玄奘以降は西域人が翻訳したのではなく、漢民族が翻訳し始めたため、従来より中国思想に則した翻訳となりました。

●四大三蔵法師

【鳩摩羅什（skt.Kumārajīva、350〜409？年）】

鳩摩羅什はクチャ（亀茲国）出身といわれ、羅什とも略します。元はインドの名門貴族の一族といわれ、カシミール生まれの鳩摩羅炎（skt.Kumārāyana）を父に、亀茲国王の妹を母として生まれました。356 年に母と共に出家。初期仏典やアビダルマ仏教を学び、のち、大乗仏教に転向したといわれています。主に中観派の論書を研究していましたが、亀茲国を攻略した後涼の呂光の捕虜となり、軍師的位置にあって度々呂光を助けました。以降 18 年間、涼州で生活していました。その後、後秦の姚興に迎えられて長安に移転。

402 年に姚興の意向で女性と生活して破戒させられ（女犯）、還俗[19]しました。以降、経典の漢訳に従事します。そのため鳩摩羅什は門弟に講説する際に『維摩経』の「泥中の蓮」（蓮は汚い泥の中でも、泥にまぎれずに美しく清浄である）喩えを述べ、

自身は穢れていても、自分の翻訳した経典は釈尊の清浄な真実の教えであることを語ったと伝えられています。鳩摩羅什の没年は明確ではありませんが、409〜413 年の間と考えられています。彼の門下は 3000 人といわれ、弟子の僧肇、僧叡、道生、道融（もしくは慧観）は四哲として有名です。三論宗、成実宗、天台宗などの中国諸宗がのちに開かれる基礎を築きました。現在、日本仏教で多く用いられている『法華経』『維摩経』『阿弥陀経』は彼が翻訳した経典です。漢訳した数は、約 300 巻と伝えられています。

【真諦（skt.Paramārtha、499〜569 年）】

　真諦はインド、烏仗那国（現在のウッジャイン）のバラモンの出身と伝えられています。扶南国（カンボジア・ヴェトナム）に滞在中に梁武帝により中国へ招聘[20]されました。『大乗起信論』『摂大乗論』などの唯識系論書の翻訳が代表に挙げられます。翻訳数は 76 部 315 巻といわれています。

◎『大乗起信論』

　馬鳴菩薩の著述といわれ、如来蔵思想[21]に基づいて阿頼耶識を説き、「摩訶衍とは衆生心のことである」と述べています。後世、華厳、天台教義に引き継がれ、日本において本覚思想（第 12 章参照）の基盤となりました。ただし、内容がサンスクリット本やチベット本などに見られず、また、最近の研究成果によって中国撰述という説が強くなりました。唯識においては真如随

206

縁説[22]を説く無相唯識思想の系統です（第12章参照）。

【玄奘（602？〜664年）】

　玄奘は隋朝の仁寿2年（602）、洛陽近郊で生まれ、出家する以前は陳褘と
いいました。生年は、上記の602年説の他に、598年説、600年説がありま
す。玄奘は、仏典の研究には原典に拠るべきであると考え、また、仏跡の巡
礼を志し、貞観3年（629）、隋王朝を滅ぼした唐王朝に出国の許可を求め
ました。しかし、当時は唐王朝の成立直後で、国内の情勢が不安定なため、
出国の許可が下りません。けれども、玄奘は国禁を犯して密出国し、役人の
監視を逃れながら玉門関[23]を通過し、高昌国に至りました。高昌国王は、
熱心な仏教徒であり、玄奘を援助しました。玄奘は天山南路の途中から峠を
越えて天山北路へ渡るルートを辿って中央アジアの旅を続け、ヒンドゥーク
シュ山脈を越えてインドに到着しました。

　インドにおいてはナーランダ大学の戒賢に師事して唯識、因明を学び（第
13章参照）、また各地の仏跡を巡拝しました。ヴァルダナ朝の保護を受け、
ハルシャ王（戒日王）へもご進講（皇族へ講義すること）した優秀な学僧とな
りました。

　このようにインドで学問を修めた後、西域南道を経て帰国の途につき、出
国から16年を経た貞観19年（645）に、大
量の経典を長安に請来しました。太宗は玄奘
の功績が多大なため、密出国を咎めませんで
した。その代わり、太宗皇帝は玄奘に太宗の
側近となって国政に参加するよう求めました。
しかし、玄奘がその要請を断ったため、代わ
りに太宗は西域の情報を提出することを命じ
ました。この報告書が有名な『西遊記』のモ
デルとなった『大唐西域記』です。帰国した
玄奘は、太宗の勅命により貞観19年（645）

西安・大雁塔

に弘福寺で翻訳事業を開始し、後に大慈恩寺に移りました。さらに、持ち帰った経典や仏像などを保存する建物の建設を次の皇帝・高宗に進言し、大慈恩寺に大雁塔が建立されました。その後、玉華宮に移住しましたが、翻訳作業はそのまま玄奘が亡くなる直前まで続けられ、麟徳元年（664）2 月 5 日、玄奘は『大般若波羅蜜多経』の翻訳を完成させた百日後に玉華宮で遷化（僧侶が亡くなること）されました。玄奘の教えは弟子の慈恩大師基（次章参照）によって法相宗が開かれ、現在でもその流れが日本の奈良薬師寺と興福寺に伝わり、薬師寺に遺骨が安置されています。

　玄奘が訳した仏典は『瑜伽師地論』100 巻、『大般若波羅蜜多経』600 巻他、唯識系経論など、75 部 1335 巻で中国の翻訳僧の中で桁違いの翻訳をしました。

　　＊『大唐西域記』⇒中央アジアからインド全域の 110 ヶ国および伝聞した 28 ヶ国（更に 16 ヶ国を付記する）について記しています。

【不空 (skt.Amoghavajra)】

　不空は神龍元年（705）に生まれました。出生地はインド南部、もしくは唐の涼州との説があります。父はインド北部出身のバラモンで、母は康国人（サマルカンド人）と伝えられています。

　開元 2 年（714）長安で金剛智に師事し密教を学び、金剛智の入寂後に、師の遺言に従って金剛頂経の完本を求めるとともに、勅命により『大日経』等の密教経典を請求するためにセイロン島やインド南部に渡りました。インドの龍智阿闍梨[24]のもとに派遣されて、胎蔵界・金剛界の両部にわたる伝法灌頂を伝授され、天宝 5 年（746）に長安に帰国しました。

　天宝 14 年（755）、安史の乱が勃発し[25]、安禄山が洛陽を支配すると、不空は教化活動を行い、勅命を得て、大興善寺に灌頂の壇を築き、調伏の修法を行ない、皇帝の信仰を受けました。大暦 9 年（774）入寂（僧侶がなくなること）しました。『金剛頂経』『宿曜経』を翻訳したと伝えられ、訳経数は 110 部 143 巻。真言宗の八祖の 1 人に数えられました。弟子に恵果がおり、その

弟子が日本の弘法大師空海です。

【その他三蔵法師】

曇無讖（とん む しん）（skt.Dharmakṣema、385〜433）中インド出身。『大般涅槃経』40 巻、『大集経』、『大雲経』、『海龍王経』、『金光明経』など 20 部を訳出しました。

義浄（ぎ じょう）（635〜713）済州出身。『金光明最勝王経』 10 巻など 56 部 230 巻を翻訳。『南海寄帰内法伝』（なんかい き き ないほうでん）は玄奘のユーラシア大陸の紀行記『大唐西域記』に対し、南インド、東南アジア、南アジアの紀行記で、7 世紀の南海洋の世界各国を知る上で重要な資料です。

『今昔物語集』巻六「震旦[26]の梁の武帝の時、達磨渡れる語、第三」

　今は昔、南天竺に達磨和尚[27]という聖人がいました。その弟子に仏陀耶舎[28]（や しゃ）という比丘がおり、達磨は弟子の耶舎に自分の教義を震旦へ広めるように伝え、耶舎は船で震旦に渡りました。しかし、すでに震旦には多くの仏教宗派が広まり、そこで耶舎が達磨の教義を説法しても信じてもらえず、廬山[29]（ろ ざん）に追われました。ところが、そこには遠大師[30]という聖人がおり、耶舎に「西国から来られてどのような教義を震旦へ広めようとして追いやられたのか。」と尋ねました。すぐに耶舎は言葉で返答せず、自分の手を握り、開きました。そして遠大師に「このことは理解できますか。」と返答しました。遠大師は即座に「手を握るは煩悩、開くは菩提なり」と煩悩と菩提は 1 つであると悟りました。その後、耶舎はそこで亡くなりました。

　達磨は弟子の耶舎が亡くなったことを知り、今度は達磨本人が震旦へ渡りました。時の梁武帝は仏教を熱く信奉し、天竺から渡来した達磨を知って、王宮に参内させました。武帝は達磨に「堂塔を建立し、人民を

救済し、経論を書写し、仏像を造立した。どのくらい功徳があるか。」
と尋ねました。達磨は「それらは功徳ではありません」と返答しました。
そこで武帝は、達磨に功徳ではない理由を尋ねました。達磨は形だけの
物を作るだけでは意味がなく、自分の心に備わる菩提心を体現すること
こそが功徳であると武帝に説きました。これを聞いた武帝は機嫌を悪く
して達磨を都から追放してしまいました。

　追放された達磨は嵩山[31]に来ました。そこで、会可（慧可）禅師[32]とい
う人に会い、彼に達磨の仏法教義を伝授しました。その後、達磨はその
地で亡くなり、墓に埋葬されました。それから14日後に梁の使者が葱
嶺[33]で片足だけ草鞋を履いた胡僧[34]と出会い、その日に国王が崩御[35]した
ことを教えました。早速、使者が都に帰り、武帝が崩御した日時を聞き
ました。すると、その日にちが胡人と出会った日と一致したことに驚い
て、出会った胡人が達磨和尚であったことに気付きました。そこで、達
磨の弟子と共に出会った胡人が達磨であったかを確認するため、達磨和
尚の墓へ行き、棺を開けると、遺体が無く、草履の片方のみが残ってい
ました。このことから、達磨和尚が偉大な聖人であると尊びました。

　　＊中国における禅宗のはじまり

注

1　『後漢書』と『魏書』は倭国の奴国の金印授与の記述や邪馬台国が記された有名な中国
　の正史。『魏書』は纏められて『三国志』の一つとして有名であり、『魏志』ともいう。
2　仏陀の大きさは「一丈六尺」（現在の尺では約4.8m 当時は周尺のため3.2m）といわれ、
　仏像作成の基本の大きさとなった。略して「丈六」という。
3　五銖銭……前漢の武帝の時に鋳造された貨幣。
4　五陰（五蘊）……人間を構成している5つの要素、色（物質的存在）・受（対象から受け
　る感覚）・想（思い）・行（行動）・識（意識・認識）。
5　神という意味は一般的な神様を示す以外に、精神や魂を示す場合がある。
6　慧遠は現在の山西省出身の人である。21歳の頃に釈道安の元で出家した。401年（隆
　安5年）に鳩摩羅什と往復書簡を交わし、新出の経典についての疑問点等を述べた。402

年（元興元年）、慧遠は同志とともに、廬山山中の阿弥陀仏像の前で、念仏実践の誓願を立てた。これによって、慧遠は白蓮社を結社しその祖と仰がれ、中国浄土教の始まりとなった。ただし、慧遠の念仏行は、後世の浄土三部経に基づく称名念仏とは異なり、『般舟三昧経』に基づいた観法である。

7　尊敬し、帰順して、教えに従うこと。第6章参照。

8　抄とは鈔とも記し、長い文章などの一部を書き出し、抜書きをいい、古典などの難解な語句を抜き出して注釈すること。また、その書物をいう。

9　古代中国の思想家、老子と荘子の思想。老子では現実的な視野で世俗的な成功主義も主張するが、荘子では現実にとらわれないでそれを超え出る宗教的な解放の境地がある。

10　第10章p144参照。中国・日本においては、鳩摩羅什訳『梵網経盧舎那仏説菩薩心地戒品第十』（通称『梵網経』）をいう。上下の2巻で編成され、下巻を特に「菩薩戒経」と呼ばれている。初期仏典の『梵網経』に大中小の戒について説かれており、大乗経典の『梵網経』は、初期仏典を抄出して中国思想に合わせて創作されたという説がある。日本では大乗菩薩戒として重用される。

12　釈尊の死後、その教義は多様に解釈され、それぞれの解釈から分派して仏教教団が成立した。それぞれの教義の立場を「宗」といい、同じ宗を信仰する人々が集まって宗団を形成し、宗団の分派が宗派となった。初めは「衆」であったが、「宗」の文字を使うようになった。また、日本では宗門、宗旨ともいう。

13　法果……5世紀、中国・北魏の僧。北魏の僧侶を統括する「道人統」という官職の長であった。

14　東晋時代の廬山の慧遠とは違う人物。同名なため、区別するため「浄影寺の慧遠」と呼ぶ。

15　中国で後漢滅亡後、建業（建康とも現在の南京）を都として興亡した6つの王朝。三国の呉、東晋、南朝の宋・斉・梁・陳の総称。時期は3〜6世紀。この六朝が支配した地域は華南地方が多いため、「六朝文化」として書体や彫刻、絵画などで呼ばれている。

16　梁代の学僧。皇帝の邸宅を下賜されて寺院にして住職をしたため「光宅寺の法雲」と呼ばれる。中観思想の三論教義や法華経を中心に研究した。なお、聖徳太子が『法華義疏』の製作で法雲の『法華義記』を「本義」としたことは有名である。

17　歴史には終わりがあり、最後は滅亡するという考え方。

18　教とは仏が説いた教え、行とは教に従って衆生がする修行、証とは行によって悟りを得ること。

19　僧侶を辞めること（第4章参照）。

20　招聘……丁重に人を招くこと。

21　誰にでも仏となれる素質「仏性」があるという思想（第12章参照）。

22　有相唯識説が説く、本来不変である真如（真如凝然）のあり方に対し、縁によって種々の現象として生じる真如のあり方。

23　中国の漢代に現在の甘粛省西部におかれた関所。前漢の武帝が河西回廊地帯を保護する
　　ため北側に万里の長城が築造され、その西端に設けられた。南の陽関とともに西方に通ず
　　る重要な関門で、中国と西域の境の重要な関所。今日の敦煌県の北西約 100km に遺跡が
　　残っている。（本章初めの写真）。

24　第 4 章 p59 参照。サンスクリット語のアーチャリャの音写、阿舎梨・阿闍梨耶とも音
　　写される。先生の意味であり、仏教では弟子を教え範となる師、高僧をいう。

25　中国、盛唐時代に起こった安禄山らの反乱（755〜763 年）、安禄山の乱ともいう。唐代
　　の前期、後期を画する一大転機となった。唐は玄宗（げんそう）皇帝時代に最盛期を迎えたが（開元の
　　治）、中年を過ぎた玄宗は政治に力を入れず、楊貴妃（ようきひ）を寵愛し、その一族が専権を振るっ
　　た。その時の宰相（さいしょう）、楊国忠（ようこくちゅう）が安禄山を敵視して謀反の企てありと中傷した。玄宗もつい
　　にこれを疑い、召還しようとしたので、禄山は反乱を起こした。この後、唐は衰退してい
　　く。

26　震旦……中国の異称。中国の国号は建国によって異なるため、各王朝に通じる総称とし
　　て、中国側自らは「中国・中華・神州」と呼んだ。一方、秦の始皇帝の統一以降、国土拡
　　張によって他国と交流が深まり、インド西域で秦をチーナ、スターナと呼ばれ、これが
　　「支那」や「震旦・真丹」と音写された。

27　達磨和尚……中国禅宗第一祖（第 10 章参照）。

28　仏陀耶舎……skt.Buddhayaśas の音写。漢訳名は覚明。罽賓（ガンダーラからカシミー
　　ル地方）の人。バラモンの家系で仏門に入り、沙勒国（新疆ウイグル自治区）の国の太子、
　　鳩摩羅什に学んだという。その後、羅什を追って中国長安へ行った。彼も翻訳家であり、
　　『四分律』が代表的な翻訳典籍。のち、廬山の白蓮社（びゃくれんしゃ）（本章注）に加わり罽賓に帰国した
　　と伝えられる。ただし、本話では達磨の弟子とあるが、達磨弗多と混同されたと考えられ、
　　実際の達磨の弟子は会可（えか）（慧可）である。

29　廬山……中国江西省にあり、紫霄・双剣・鉄船・五老・香炉峰など 40 余の峰がある名
　　山。廬山寺、東林寺、遺愛寺などの寺院が数ヶ寺ある。白楽天の漢詩に登場し、清少納言
　　の話でも有名な景勝地。

30　遠大師……廬山の慧遠のこと。本章参照。

31　嵩山……中国河南省にある霊山で中国道教によって神聖化された五岳の 1 つ。のち、少
　　林寺が建立される。

32　会可禅師……通常「慧可」という。中国、南北朝時代の僧。史実は不詳であるが、禅宗
　　の第二祖とされる。幼年期から仏道に入り、インド僧の達磨を訪ねたが、すぐに入門は許
　　されず、臂（うで）（ひじ）を断ち切って誠意を示し、許されて弟子となったという。これはのち
　　に「慧可断臂（えかだんぴ）」と呼ばれた。

33　葱嶺……現在の中央アジアのパミール高原地域。

34　胡人・胡僧……西域の民族。「胡椒」も西域から渡来した香辛料が由来。

35　崩御……天皇、皇帝などの「陛下」が亡くなったこと。

コラム【だるま人形の由来】

　鎌倉時代に伝わった禅宗では達磨大師という僧侶を重要視するようになりました。禅宗寺院では達磨大師を描いた掛け軸や札をいわゆる仏像のような役割で用いられていますが、この達磨大師には壁に向かって9年の座禅を行ったという伝説「面壁九年」があり、後ろ姿は手足が無い状態に見えることから、手足のない形状で置物が作られるようになり、起きあがりこぼしの「だるま」が誕生しました。

第 15 章

中国仏教 II

嵩山・少林寺

平 常 心 是 道 (『馬祖語録』)

【ねらい】
この章では、中国王朝で国教となった仏教が、その王朝の庇護のもと中華思想に合わせて展開され、民衆へ信仰が浸透していく過程を見ていきます。

1、隋の仏教

　北周の武帝による廃仏の後、隋の文帝（在位 581〜604）は仏教を信奉し、廃仏政策によって低迷した仏教を復興させました。文帝は都の長安に大興善寺を建て、全国に舎利塔を建立しました。息子の煬帝（在位 604〜618）は慧日道場などを建立し、天台宗の開祖、智顗（538〜597）を支持しました。隋代には三論宗、天台宗などの宗派が起こり、仏教が発展しました。

●三論宗

　三論宗は『中論』『十二門論』『百論』の 3 つの論に基づいて成立しました（第 13 章参照）。般若思想の空を強調するため空宗とも呼ばれました。吉蔵によって大成され、高句麗や日本に伝えられました。

【吉蔵（549〜623）】

　父の影響で真諦のもとで出家して吉蔵と名づけられたと伝えられています。12 歳の時に三論宗の法朗の講義を聴き、三論宗の信奉者となり、会稽の嘉祥寺に居住したため、嘉祥大師と称されました。開皇17 年（597）には、智顗と交際し、以後、楊州の慧日道場や長安で三論や法華の講説を行い、煬帝の他、多くの信者を得て、三論教学を大成しました。

【三論教義】

　三論宗の教学は、インド仏教の中観派の教理を継承したものです（第 13 章参照）。その根幹は、「縁起」「無自性（空）」であり、「八不」（不生不滅・不常不断・不一不異・不来不去）を説き、両極の偏った見解（二辺）において、一方に陥らず、「中」（中道・中観）に解釈する「八不中道」であり、「破邪顕

正」（邪なものを破り、正義を顕す）を目的としています。吉蔵の三論教学は、彼の著書『三論玄義』において龍樹の中論・十二門論および提婆の百論の3つの論の要旨を説いています。般若思想を代表する仏教教学です。

●天台宗

天台宗の興起は、中観思想の影響を受けた北斉の慧文や慧思（南岳慧思）によって「一心三観」[1]の思考が生み出されたことが始まりです。さらに智顗が『法華経』を解釈し、地論宗と涅槃宗を取り入れて（前章参照）、『法華経』を最高位に置いた五時八教[2]という

最澄も訪れたという天台山真覚寺

教相判釈（宗派の根本経典の優位を論じて、釈尊の教義の正当性を述べる）を説き、止観（後述）による成仏を説く宗派となりました。

のち、この教学を最澄が日本へ伝え、日本の仏教を大きく展開させました。

【智顗（538～597）】

智顗は、陳氏一族として湖南省に生まれました。18歳で出家し、慧思に学び、金陵（現在の南京）の瓦官寺で『法華経』や『大智度論』を講義されたと伝えられています。太建7年（575）からは浙江省の天台山に登って天台教義を確立しました。智顗は南朝陳の同族であるため、皇帝や貴族層からの信任が厚く、彼らの要請により、再び金陵に出て、光宅寺で『法華文句』を講義しました。陳末の兵乱では廬山（前章注29参照）に避難し、隋の晋王であった楊広（のちの煬帝）の懇請を受けて、煬帝に菩薩戒と「総持」の法名を授け、一方、煬帝からは「智者大師」の号を賜わりました。天台山に帰り、国清寺を修復して教団の生活規定を作りました。開皇17年（597）に入定されました。

【天台教義】

　智顗の著作『法華玄義（ほっけげんぎ）』『法華文句（ほっけもんぐ）』『摩訶止観（まかしかん）』の 3 大部が天台宗の主要典籍です。まず、『法華玄義』は『妙法蓮華経玄義』の略称で全 10 巻あります。経題について釈名（しゃくみょう）・弁体（べんたい）・

明宗（みょうしゅう）・論用（ろんゆう）・判教（はんきょう）の 5 項を述べ、これを五重玄義（ごじゅうげんぎ）と称します。迹門（しゃくもん）（仮説）・本門（ほんもん）（本質）で別釈し、独自に全ての仏教教理を統摂（とうせつ）（統合して摂める（おさめる）こと）しました。

　次の『法華文句』も全 10 巻あり、『妙法蓮華経文句』の通称で、略して『妙句』とも呼ばれています。智顗が講義した法華経の記録を整理した書といわれています。つまり、『法華玄義』は法華経を総合的に論釈した著書であり、一方、『法華文句』は経文の語句の解釈を中心に論じたものです。両書は本来的には一体のもので、本書の特色は本門・迹門の分判（第 11 章「法華経」参照）、及び、因縁（いんねん）・約教（やくきょう）・本迹（ほんじゃく）・観心（かんじん）の 4 種釈[3]によって衆生の機根（き・こん）（性格や本質）に対応して教説しています。

　さらに『摩訶止観』全 10 巻は、止に静止、観に観察の意味があるとして、諸々の行法は止観に統摂されるといい、その止観を体系化した書物です。元来、仏教の修道法では瞑想を「止」と「観」の 2 つに大別しました。止（奢摩他（しゃまた）、シャマタ瞑想）とは、心の動揺を止め、また観（毘鉢舎那（びはっしゃな）、ヴィパサナー瞑想）とは、事物をありのままに正しく観察することをいいます（第 8 章「四念処」参照）。本書は止観の中で円頓止観を重要視して述べた著書です。円頓止観とは、最初から最も深く高く、角が無い姿、丸い実相を対境（観察の対象）として心に抱いて修行することです。『摩訶止観（まかしかん）』は坐禅で瞑想する規範として禅宗で学ばれるようになります。

２、唐の仏教

隋の後、唐の仏教は、東アジア全域に伝播し、朝鮮・日本・ヴェトナムを包括する東アジア仏教圏を形成しました。唐の則天武后から玄宗の時代にかけて、開元寺などの官寺（王朝の政権が造った国家寺院）が全国に建立されましたが、この制度は日本に伝わり国分寺制度の手本となりました。

●法相宗

法相宗は、前章で紹介した三蔵法師の玄奘が護法の唯識論を中心に合糅訳した（第13章参照）『成唯識論』によって誕生しました。法相宗では宗祖として、玄奘を鼻祖、弟子の基（慈恩大師）を開祖とします。

【基（632〜682）】

一般には窺基とも呼ばれ、慈恩大師と尊称されます。長安（西安）の出身です。父は唐の功臣の軍人であり、17歳の時に師事して出家しました。また、顕慶4年（659）に『成唯識論』を注釈して『成唯識論述記』『成唯識論掌中枢要』を著しました。基は玄奘から『唯識三十頌』の解釈について護法の唯識説を受け継ぎ、真諦訳を中心とした唯識説を批判し、新唯識説を打ち立てました（第13章参照）。また、彼は多くの著書を持ち「百本の疏主、百本の論師」と称され、その著書の中で『大乗法苑義林章』と『成唯識論述記』から法相宗の宗義が形成されたため、基を宗祖（開祖）とすることになりました。

【法相教義】

法相宗の教学は、インド仏教の瑜伽行唯識学派の教理が発展して形成されました。インドで世親が著作した『唯識三十頌』を多くのインド学僧が解釈し、その著作は幾種類も生まれました。これを玄奘が合糅訳した書が『成唯識論』です。この論を中心に『解深密経』『楞伽経』（第12章参照）などの経

典を所依にして、三性説や阿頼耶識説が主張され、最終的には一切の存在現象はただ識（心の作用）に過ぎないと考えます（第 13 章参照）。

　特に法相宗の教理で仏教全体に大きな影響を与えたのが五姓（性）各別説[4]です。これは人の悟れる能力を 5 つに区別して考える説であり、「衆生の中には悟れない者がいる（無種姓、または無姓有情[5]）」という主張でした。それまでの仏教では、『大般涅槃経』『法華経』の教義に基づき、全ての者が悟れるという仏性論を疑いませんでした。しかし、悟りを得るための理想と現実（理仏性・行仏性[6]）の狭間を論理的に考証したため、当時の最先端の学説に基づいた「五姓各別説」に反論するのは容易ではありませんでした。

●律宗

　南北朝時代に『十誦律』『四分律』『摩訶僧祇律』などの戒律（第 10 章参照）が漢訳されると、戒律の研究が本格化し、北魏の法聡や北斉の慧光が研鑽を積んでいました。その後、玄奘の訳経を助けた道宣は四分律宗、所謂「南山律宗」を開きました。なお、日本に律宗を伝えた鑑真は道宣の教義の系統を継いでいます。

【道宣（596〜667）】

　道宣の父は陳の役人といわれ、16 歳の時に出家し、智首律師に修学したと伝えられています。貞観 16 年（642）に南山（長安の東南、終南山のこと）に住居し、貞観 19 年（645）に玄奘が帰朝すると、長安の弘福寺の訳場に招かれました。永徽 3 年（652）に、高宗の勅命[7]によって西明寺が創建されると、上座[8]に招かれ、同寺で『四分律』の注釈な

道宣律師が居住されたという終南山浄業寺

どを執筆し、律の研究に没頭しました。道宣は終南山を拠点として活躍していたため、後世の人々から南山律師と呼ばれ、乾封2年（667）に遷化しました。『四分律行事鈔』『続高僧伝』『広弘明集』などが代表的な著作、編纂です。

【律宗教義】

インドから四大広律が伝わり（第10章参照）、中国で大きな影響を与えたのは『四分律』でした。『四分律』は北魏の慧光が『四分律疏』を著作したことが発端となり、道宣などによって詳しく学ばれ、律宗の体系が確立しました。

●華厳宗

『大方広仏華厳経』（『華厳経』）を根本の経典として（第12章参照）、南北朝時代の地論宗や摂論宗の影響を受けて独自の教学体系を形成した宗派です。杜順、智儼によって起こり、第3祖・法蔵が華厳教学を大成しました。

【法蔵（643〜712）】

法蔵は華厳宗第3祖とされていますが、実質的に彼が華厳教学を大成しました。俗姓はサマルカンド出身のソグド系民族の康氏といわれ、長安出身と伝えられています。智儼に華厳経を学び、華厳教学を大成しました。また、法蔵は当時隆盛であった法相宗に対抗した独自の理論を提示しました。法蔵が在世していた頃、則天武后によって造立された龍門石窟の奉先寺盧舎那大仏は華厳思想の影響を受けていた可能性が指摘されています。賢首大師、香象大師、華厳和尚などと

呼ばれています。兄弟子には新羅や日本に
大きな影響を与えた新羅僧の義湘がいます。

【華厳教義】

奉先寺　毘盧遮那仏

　初祖である杜順（557〜641）は華厳信仰
を広め、第 2 祖の智儼は如来蔵思想や地
論宗の無尽[9]の思想に基づき、あらゆる現
象は、その真実の本性に順って現われ、
人々の性質に応じて働きを起こし、それが
心の中に現に存在するという（性起思想[10]）。
そして、法界縁起[11]を説く華厳教学の基礎
を作りました。弟子の法蔵はその教学の網要書といえる『華厳五教章』を著
して、五教十宗[12]という教相判釈[13]を確立しました。

●密教

　初期の密教は、『灌頂経』や『陀羅尼集経』などマントラ呪文を唱え、
ムドラーという印を結ぶ「雑密」が伝来していました。7 世紀になると、イ
ンド出身の善無畏（637〜735）が『大日経』を翻訳し、金剛智（671〜741）が
『略出念誦経』を訳出し、さらにインド渡航も果たした不空が『金剛頂経』
を訳出し（第 12 章参照）、大成されました。そして、不空に学んだ恵果（746〜
805）の弟子、空海により密教が日本に伝えられ、以来、日本で発展するこ
とになります。

【善無畏（637〜735）】

　善無畏は中部インドの王族に生まれたといわれ、幼少期からナーランダ寺
院にて顕密[14]（顕教と密教）両教を学びました。そして唐の都、長安に赴き、
玄宗皇帝に国師として迎えられ、密教経典の翻訳に従事されたと伝えられて
います。中国真言宗の祖として、『大毘盧遮那経（大日経）』などを漢訳しま

した（第12章参照）。

【密教教義】

大乗仏教は広く民衆に対して
教義を言葉や文字で説くことに
勤めていますが、タントリズム
（第2章参照）の影響を受けた密
教は極めて神秘主義的・象徴主
義的な教義を師資相承[15]によっ

不空や善無畏が居住した大興善寺

て伝授します。「阿字観」[16]等に代表される瞑想法で修行し、曼荼羅（曼陀羅）
や法具類、灌頂の儀式を重視し、「真言（マントラ）」「印相」[17]「三摩地」[18]等の
教えに基づいて悟りを目指します。それを授かった者以外には伝授されない
ため、民衆へ公開されないことが特徴です（第12章参照）。

●禅宗

達磨（5世紀後半～6世紀前半、前章）を開祖とする禅宗は、第六祖の慧能
（638～713）によって発展し、その後、中国仏教の主流となっていきました。

【慧能】

慧能は新州（広東省新興県）で生まれました。父が早くに亡くなり、薪を
売って母親を養っていたといい、ある日、町で『金剛般若波羅蜜多経』の読
誦を聞いて出家を思い立ち、禅宗の第5祖弘忍の弟子となったと伝えられて
います。その後、弘忍の教えを受け継いで広州に帰り、頓悟の禅を広めまし
た。頓悟とは、戒律や禅定によらず、直ちに本来清浄な自性（真の性質）を
悟ることです。兄弟子の神秀より朝廷に推挙されましたが、病と称して断
り、先天2年（713）に新州にて遷化されました。当時は神秀の北宗禅が盛
んでしたが、数代で消滅し、慧能の南宗禅が後世に伝わりました。語録に慧
能の禅の系統を受けた馬祖道一（709～788）が登場し、唐代の禅は完成した

といえます。慧能を正統とする禅宗の歴史書（燈史という）に『六祖檀経』があり、この後の禅宗では語録を重視する傾向が強くなっていきました。そして公案[19]を重視する臨済宗へと発展しました。

【禅宗教義】

　唐代で禅宗は大きく発展します。5祖弘忍には、弟子の神秀（606〜706）、その弟弟子の慧能という優れた2人がおり、ともに禅宗の布教に尽力しました。ただし、神秀は華厳や天台教義を取り入れて、本来清浄である心を観察する「観心」を説き、修行を通じて徐々に悟得する「漸悟」を規範としました。一方、慧能は一足飛びに悟得する「頓悟」（先述）を旨としており、両方の思想には違いがありました。兄弟子の神秀は則天武后に招かれ洛陽へ入って破格の待遇を受け、神秀の死後も彼の一派は唐代帝室や官人の庇護と支持を得ました。ところが、慧能の弟子の神会（684〜758）は、神秀の教義を「北宗」と呼んで批判したため、禅宗は神秀系の北宗（北宗禅）と慧能系の南宗（南宗禅）に分裂しました。唐が衰退すると、国家の庇護と支持を得ていた北宗は衰退していき、南宗系の禅が広まっていきました。

　また、馬祖道一の弟子の百丈懐海は禅宗の生活規則『清規』を著作し、禅宗教団が確立し、そのような教団生活において師弟関係が築かれ、後の臨済宗や曹洞宗の流れを形成していきます。

●浄土教

　曇鸞（476〜572）によって開かれた中国浄土教は、道綽（562〜645）、善導（613〜681）によって確立しました。特に善導の浄土教は日本の浄土教に大きな影響を与えました。

【善導（613〜681）】

　善導は俗姓を朱氏といい、大業9年（613）に臨淄（山東省）に生まれました。幼少に出家し、初め三論宗で『法華経』を学びましたが、浄土変相図[20]

をみて浄土往生を願い、その後、道綽について浄土教を学び、終南山の悟真寺で修行しました。そして、『観無量寿経』[21]に基づいて十六観の浄土の観想[22]を行い、浄土教を大成しました。永隆2年（681）に遷化しました。終南大師などとも呼ばれています。

【浄土教義】

　中国では2世紀後半から『無量寿経』などの浄土教関係経典が伝えられ、5世紀の初めには廬山の慧遠が般舟三昧経に基づいて「白蓮社」という念仏結社を作り（前章参照）、西方極楽浄土思想が広まっていきました。菩提流支[23]が翻訳した世親の『無量寿経優婆提舎願生偈』（通称『浄土論』、第13章参照）を曇鸞が注釈して『無量寿経優婆提舎願生偈註』（通称、『浄土論註』、『往生論註』）を著しました。そして、『十住毘婆沙論』第五「易行品」に「信方便（信心の方法）の易行によって悟りの不退転（迷いの世界へ戻らない）の境地に至ることができる」と述べていることに着目し、称名念仏により不退転[24]に至ることを「易行」と名づけ、易行道を実践すれば、仏の願いの力によって浄土に至ることができると説きました。この考えに基づき、道綽が『安楽集』、善導が『観無量寿経疏』を著し、称名念仏を中心とする浄土教が確立されました。

　＊なお、後世に日本で浄土真宗を開いた親鸞は、『浄土論』の著者である世親の「親」と『浄土論註』の著者である曇鸞の「鸞」の各1字を取って自分の法名にして、「易行」を勧めました。

3、宋・元・明の仏教

　唐が西暦907年に滅んだ後、中国は五代十国という分裂の時代となりまし

た。この時期、仏教が栄えたのは中国南部の華南地域でした。続いて、960年に開封（河南省）に都を置く北宋が成立すると、仏教は保護されました。この時期に印刷による大蔵経が編纂され、仏教が幅広く普及しました。また、宋の太祖は出家制度においては度牒（第 10 章、注 9）の出売、及び賜額制度[25]、寺院資産への課税をして、仏教によって国家財政の一端を担わせました。さらに五山十刹制度[26]を設けて国家の統制の下に管理しました。また宋代には、『資治通鑑』、『仏祖統紀』などの仏教史書が編纂されました。

●五家七宗……禅宗の興隆

　五家七宗は中国禅宗集団の分派の総称。禅宗の活動が活発になり、宗派としての形態に変容します。達磨を開祖とする禅宗は、唐代に南宗の慧能と北宗の神秀の禅に分かれ、南宗の禅がさらに大きく展開しました。南宗禅は、慧能の弟子の青原行思と南岳懐譲の系統が後世まで発展し、青原系より洞山良价と弟子の曹山本寂の曹洞宗、雲門文偃の雲門宗、法眼文益の法眼宗の 3 家が成立しました。その後、南岳系より潙山霊祐と仰山慧寂の潙仰宗、黄檗希運の弟子の臨済義玄が起こした臨済宗の 2 家が成立しました。これらを「五家」と呼びます。宋代になると、特に臨済宗が勢力をもち、臨済宗も黄竜慧南と楊岐方会の 2 系統に分かれ、それぞれ黄竜派、楊岐派と呼ばれました。この 2 派を五家に加えて、合わせて「七宗」といいます。

　また、禅の宗風も黙照禅[27]と看話禅[28]の流派が生まれました。

禅宗分派図

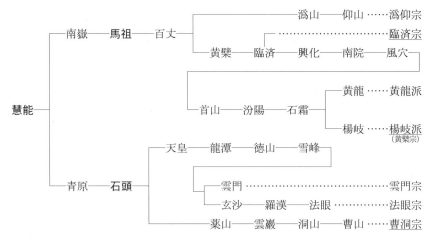

```
              ┌─ 南嶽 ── 馬祖 ── 百丈 ┌──────────────── 潙山 ── 仰山 …… 潙仰宗
              │                     │      ┌─────────── …………………… 臨済宗
              │                     └─ 黃檗 ── 臨済 ── 興化 ── 南院 ── 風穴
              │                ┌──────────────────────────── 黃龍 …… 黃龍派
  慧能 ───────┤                │  首山 ── 汾陽 ── 石霜
              │                │                       └─ 楊岐 …… 楊岐派
              │                                                   （黃檗宗）
              │           ┌─ 天皇 ── 龍潭 ── 徳山 ── 雪峰
              │           │
              └─ 青原 ── 石頭 ┌─ 雲門 …………………………………… 雲門宗
                          │  └─ 玄沙 ── 羅漢 ── 法眼 ………… 法眼宗
                          └─ 薬山 ── 雲巖 ── 洞山 ── 曹山 …… 曹洞宗
```

＊傍線の宗派が日本へ伝来

●天台・華厳教義の再考

　唐代以来、下火となっていた天台宗や華厳宗が復活し、禅や浄土の僧侶たちに再考されました。その際には唐末、五代の戦乱で失われた数多くの典籍が、朝鮮半島の高麗から届けられました。

　また、永明延寿（ようめいえんじゅ）が『宗鏡録（すきょうろく）』を著し、華厳・天台・唯識・禅・浄土を融合して、明代への総合仏教の基礎を築きました。

> ＊朝鮮の高麗王朝は仏教を強く保護しました。高麗版『大蔵経』は元（げん）が朝鮮を攻めて来た時に江華島（こうかとう）で制作されたと伝えられ、現在もその版本が慶尚南道の海印寺（かいいんじ）にあります。

●元の仏教政策

　モンゴル族によって建国された元王朝は、チベット仏教（第9章参照）が信仰の中心でした。しかし、他の仏教を阻害することはなく、元王朝は他の宗教や宗派の存在も認めていました。

●明の仏教

　再び漢民族の王朝に戻った明代になると、国家の統制により僧侶と民衆の間には距離が置かれるようになりました。しかし、一方では民衆は法要を通して仏教に接し、様々な仏教儀礼が行われました。

4、清朝以降の仏教

●清の仏教政策

　満州族の王朝である清代の仏教政策は、基本的に明代の仏教政策を継承し、僧侶と庶民との接触を禁止しました。清朝後期になると、仏教教団を社会から隔離するようになったため、清末には在家の信者である居士の仏教が盛んになりました。その代表的人物が楊文会（仁山）（1837〜1911）です。彼は中国動乱の時代において中国仏教の復興を念願し、その中で金陵刻経処という印刷所をつくり仏典の刊行に尽力しました。その際、日本の仏教学者・南條文雄（1849〜1927）と交流し、中国で失われた仏典を日本から入手して刊行することにより、中国仏教の復興に努めました。

●近代の中国仏教

　1911 年、辛亥革命によって清朝が滅亡し中華民国が成立すると、敬安（1851〜1921）が「中華仏教協会」を設立し、仏教の保護に努めました。また、弟子である太虚（1890〜1947）は武昌仏学院など各地に僧侶の養成機関を設置し、雑誌『海潮音』を刊行して、中国仏教界に大きな影響を与えました。さらに、儒教を基盤とした哲学者であった熊十力（1885〜1968）は、仏教の唯識思想と中国思想を融合させた哲学を独創し、『新唯識論』を著作して、社会改造を提唱しました。

　また、1966〜1976 年に中華人民共和国で起きた文化大革命では仏教も弾圧を受けましたが、革命後、書家、作家で仏教徒であった趙撲初（1907〜2000）が政府に働きかけ、中国仏教協会会長になり、中国仏教文化が再認識

されるようになりました。

『今昔物語集』巻六「震旦の曇鸞、仙経を焼きて浄土に生まるる語、第四十三」

　今は昔、震旦の斉[29]の国に曇鸞[30]という僧がいました。彼は初めに震旦（中国）の仙経10巻[31]を知り、これを長生不死の教えとして過ぎたるものはないと思い、人里離れた静かな場所に隠れ住みました。

　その後、曇鸞は三蔵菩薩[32]と出会い、「仏教では、中国の道教より勝れた長生不死の法を説いた教義はあるのですか」と尋ねました。三蔵は驚き、「この世界、この国のどこに長生不死の法があるのか。たとえ寿命を延ばすことが出来ても、必ず命が尽きること疑いない。」と述べ、『観無量寿経』を曇鸞に授け、「この大仙[33]の教えを以て修行すれば、永遠に生死の苦しみから離れて、解脱[34]を得るだろう。」といいました。これを聞いた曇鸞は悔い悲しみ、たちまちに仙経を焼いてしまいました。

　その後、曇鸞は自分の命が尽きることを知って、香炉を手にして西方に向かって仏を祈念しながら息絶えました。その時、空中から音楽が聞こえ、それが西の方から近づいて来て、わずかの間に帰っていったと語り伝えられています。

注

1　真理を観ずる 3 つの法。一般には、天台宗における空・仮・中の三諦を観じ、衆生の一念の心にこの 3 つの真理が実現していると観じること。つまり、1 つの心で 3 つの真理を見ること。

2　釈尊の教えを生涯の時代に合わせて 5 つに区分し、さらに教え導く方法「化儀」として、四教（頓教・漸教・秘密教・不定教）、教法の深浅を示す「化法」の四教（三蔵教・通教・別教・円教）に分けた。

3　因縁・約教・本迹・観心……①因縁とは仏が説く文言や語句の起こる由来、または法華経が説かれているときの仏と衆生の関係。②約教とは釈尊が説いた教説に基づいて浅いものから深いものに解釈する方法。③本迹とは本地と垂迹の二義に基づき、迹（仮）の現実の姿（垂迹）からその奥にある永遠なる本地（本質）を明らかにする解釈法。④観心とは一つ一つの語句を観心の対象とし、それにより自己の心の大きさを観ていく方法。

4　声聞、独覚（縁覚）、菩薩の三乗（第 12 章参照）と無姓有情と、三乗にも無姓有情にも当てはまらない不定姓（姓を性と表現することもある）の 5 つの性分。

5　衆生と有情の関係については、第 2 章の注 1「衆生」参照。

6　仏の世界観では人間も仏性があり、いつかは成仏するが（理仏性）、煩悩の業が輪廻する現実の人間世界で成仏するには悟りを目指して修行すること（行仏性）が必要である。

7　本来は朝廷の命令という意味で、帝王や天皇の直接的な命令。

8　元来は、長く修行を積んだ長老で教団を指導する上位の僧をいう。中国・日本仏教では役職名として年長・有徳で、寺内の僧を監督し、事務を統括する役僧をいう。

9　無尽……華厳教学的な意味は事々物々が重層的に関わり合い（縁起）、尽きることが無いという意味。一方、如来蔵思想が広まると共に「無尽蔵」という用語が広まり、他に尽きることのない広大な徳（幸福）を包含するとの意味で用いられていたが、中国では南北朝時代から寺院に置かれた金融機関を指すようになる。信者が寄進した金銭を積み立てて貸し出し、その利息を寺院の維持費等に充てるものであった。これが由来して、現在、一定の口数で加入者を集め、定期に掛金を払い込ませて、抽選・入札等の方法で掛金者に対し金銭または物品を給付し、順次にすべての口座に及ぼすと契約する「無尽講（頼母子講）」の名称になった。

10　性起思想……『華厳経』の根幹にある思想であり、性起の「性」は、人間が本質的に備えている心性・仏性であり、「起」とは、「顕現」「挙起」「発起」の意味であり、仏性が現起することをいう。万物は普遍的な仏の表現活動であるとする。

11　法界縁起……華厳教学の縁起観。第 12 章「華厳経」参照。

12　五教十宗……法蔵が華厳教義の立場を示すために 5 つ（小乗教、大乗始教、大乗終教、頓教、円教）の教学を述べ、10 点の教理（法我倶有、法有我無、法無去来、現通仮実、俗妄真実、諸法但名、一切皆空、真徳不空、相想倶絶、円明具徳）を説いたもの。

13　「教判」ともいい、自宗の教義が勝れていることを明確にするため、他宗派の教義と比

較して、教理を判定し、解釈すること。

14 「顕教」とは言説を以て教義を説くこと。仏陀や高僧が聞く人の能力に応じて、分かりやすい言葉で説き顕す教え。「密教」は真理そのものの究極の教えを示す。師匠から弟子へ厳格に教えや作法が伝えられ、神秘的な要素が多く、非公開的な部分が多い秘密の教え。

15 第7章注13参照。

16 梵字「𑖀」（あ）」は言語の根源という意味で考えられ、物事の根源を感じる瞑想法。密教瑜伽法の一つ。

17 印相は印契、密印ともいい、サンスクリット語でムドラー（skt.mudrā）の訳。手ぶりや手指の組合せによって仏菩薩の種類や特徴などの教理を示したもの。もとは釈尊のある特定の行為の説明的身ぶりから生れたものであったが、密教の発展に伴って定型化した。

18 三昧とも記し、サンスクリット語のサマディ（skt.samādhi）の音写。約・時・却などと訳す。仏の本誓（本来の誓い）・除障・警覚・平等の意。仏と衆生が平等であると解釈する。仏・菩薩が、一切の衆生を救済する本願を示すために手に持っているもの、または印契。

19 公案……禅の問答高徳な禅者の言葉（語録）や動作など記録を課題として、座禅する者に与え、悟りを得る起因させること。

20 浄土の仏、聖衆や美しい荘厳（飾り）の有様を描写した絵画や繡帳のこと。浄土変曼荼羅ともいう。

21 『観無量寿経』……浄土教の根本経典の1つ。内容は王舎城において阿闍世が父王や母后を幽閉したとき、母后韋提希夫人に十方の浄土を表現し、韋提希夫人に十六観法を以て阿弥陀仏の功徳と極楽浄土を説いた経典。「無量寿」とは「無量の寿命」という意味。第12章参照。

22 特定の対象に向けて心を集中し、その姿や性質を観察する瞑想法。

23 菩提流支。北インドの人でパミール高原を越えて中国に入り、洛陽の永寧寺で訳経作業をした。『金剛般若波羅蜜多経』『無量寿経憂婆提舎願生偈』の翻訳が有名。

24 固く信じて、信念をかえないこと。

25 特定の寺院に勅額（皇帝・天皇が寺院に与えた額）を下賜する制度。国家公認の大寺に対する保護政策。

26 天下の官寺を朝廷主導で序列化し、官寺として国家の手で住持を補任し、皇帝と帝室の安寧を祈禱すると同時に、非課税の恩恵を与える制度。前注と共に日本の中世仏教に影響を与えた。

27 黙照禅……只管（ただひたすら）に黙って座禅し、心の働きを眺めていくことを目的とする禅。曹洞宗の禅風となる。

28 看話禅……公案（注19）を心の中に抱き続けていくことにより、集中力を高めようとする禅風。黄檗宗、臨済宗の禅風となる。

29 斉……北斉のこと。

30　曇鸞……山西省の生まれ。中国浄土教の第1祖。幼少時、五台山で出家し、四論（第13章参照）を研鑽し、次に『大集経』を読み、その注釈書を作ろうとしたが、中国江南の陶隠居（道教の大成者、陶弘景のこと）を尋ね、『仙経』を与えられた。その帰路で菩提流支に出会い、『観無量寿経』を受け、『仙経』を破棄して西方浄土往生を願った。

31　『仙経』……道教の経典。道教は神仙思想から発展した中国独自の民族宗教。東王父、西王母などの神を信仰し、不老不死で自由自在に物事を操ることが出来る仙人になることを目的にする。後漢、三国時代に太平道や五斗米道などの民間宗教が教団化して、それらが黄巾の乱を起こすようになった。5世紀ごろになると、儒教や仏教の教義を取り入れて、葛洪や陶弘景が教義を建てて形成した。

32　三蔵菩薩……訳経僧である菩提流支の敬称（本章「浄土教」参照）。

33　大仙……道教では仙人になることが最高の位置とするため、それになぞらえて、浄土教は仙人よりも大きく偉大な教えという意味。

34　第1章注5参照。

コラム【シルクロードと『西遊記』】

　シルクロードと『西遊記』といえば、三蔵法師と猿、河童、豚の妖怪が天竺へ行くイメージがあります。『西遊記』は16世紀に呉承恩によって伝奇小説（怪異や逸話を基にした説話）として書かれました。このモデルとなったのが、玄奘の『大唐西域記』です。

　『大唐西域記』は玄奘が高宗皇帝の勅命によって作成された地理誌です。当時の西域諸国約150ヶ国の風土や地理、歴史、信仰、文化などを記録したもので、大変貴重な資料となりました。

　19世紀のイギリスのシルクロードの探検家、考古学者のシュタインはインドや中央アジアの調査において『大唐西域記』の記録のほとんどが一致していたことに驚いたといいます。また、同じ頃、探検家、地理学者スウェーデンのヘディンは『大唐西域記』を参考に探検して幻の都といわれた楼蘭を発見し、日本の大谷光瑞や河口慧海などの仏教学者、中央アジア探検家とも交流しました。1938年に彼の中央アジア旅行記が『The Silk Road』の題名で英訳出版され、シルクロードの名称が広

く知られるようになりました。

　一方、『西遊記』には人間の登場人物として玄奘や唐の太宗皇帝など実在の人物が登場します。しかし、書かれている内容は、ほとんどフィクションであり、史実とは一致しません。また、『西遊記』では主要な登場人物が男性のみとなりますが、『西遊記』を映像化・舞台化する場合、孫悟空などが三蔵法師を守護するためには、彼らの力を強調しなければならず、三蔵法師を力弱い女性的な存在として演出することが好まれるようになりました。そのため、演出上、三蔵法師は女性が演じることが多くなりました。

　しかし、フィクションとは言いながらも本質的なところは興味深いものがあります。例えば、三蔵法師が天竺で求める経典「三蔵真経」は、玄奘が訳した経典で最も有名な『般若心経』をもじっており、「悟空」という名前はまさしく『般若心経』の「空を悟る」という教えと一致します。「八戒」は玄奘三蔵が重視した「八斎戒」、沙悟浄は砂漠の流沙で浄土を悟ることのみではなく、求法の行脚を守護する護法善神の「深沙大将」を意味すると考えられています。

資　料　篇

資料1　三界・六道図

三界	禅天	天・処	世界	六道	六道区分
無色界		非有想非無想処（有頂天） 無所有処 無辺識処 無辺空処			天
色界	四禅天	阿迦尼吒天（アカニシュター、色究竟天） 善見天 善現天 無熱天 無煩天（浄居天）	首陀天 （シュッダーヴァーサ）		
		広果天 福生天 無雲天			
	三禅天	遍浄天 無量浄天 少浄天			
	二禅天	極光浄天 無量光天 少光天			
	初禅天	大梵天 梵輔天 梵衆天	梵（ブラフマー）世界		
欲界	六欲天	他化自在天 化楽天（楽変化天） 兜率陀天（トゥシター、都率天） 夜摩天（ヤーマー）	魔世界	六道	人 （修羅） 畜生 餓鬼
		三十三天（忉利天、帝釈天） 四天王天（四大王衆天）	天世界		
	四大洲	倶廬洲 牛貨洲 勝身洲 贍部洲			
	八大地獄	等活地獄 黒縄地獄 衆合地獄 叫喚地獄 大叫喚地獄 焦熱地獄 無間地獄			地獄

資料2　部派分裂の図　＊仏教史学会編『仏教史ハンドブック』法蔵館参考

A. 北伝仏教に伝わる部派仏教（『異部宗輪論』に基づく説。番号は分裂した順番）

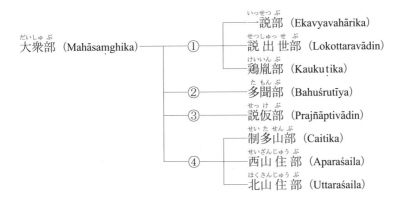

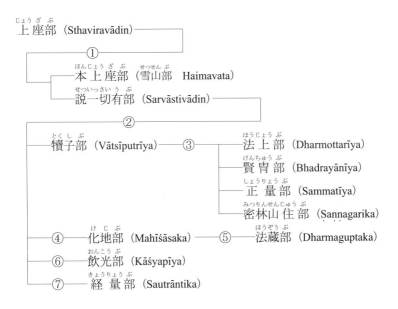

B. 南伝仏教に伝わる部派仏教（『島 史』『大 史』に基づく説）

資料3　『理惑論』

1、仏の誕生国、所領、行跡、風姿、名称について

2、道とは何か

3、牟氏の道が五経に説く道と異なっている由縁

4、仏典が膨大な文量である由縁

5、仏典を要約できない理由について

6、古の聖人たちが仏を知らなかった由縁

7、仏の相好（そうごう）について

8、仏道が孝の倫理に背反している点について

9、僧たちの不孝について

10、僧たちの服装について

11、三公や周公、孔子の説は尊ぶに足りないのか

12、輪廻について

13、孔子が鬼神は語らずと述べている点について

14、中華の民が夷狄（いてき）の教えを学ぶのかという点について

15、布施の不孝である点について

16、僧たちの破戒について

17、布施の功徳について

18、仏典の比喩表現について

19、持戒の生活に楽は無いのではない理由

20、崇高な仏典を、宮中等の場で君主・親に対して談じようとしない理由

21、明帝の感夢求法説話

22、不言実行の有徳の僧が見られない理由

23、崇高な仏典の文章に対して、世の学者たちが非難する理由

24、中華の経書の言葉で仏典を解釈するのは詭弁（きべん）ではない理由

25、牟氏が見識を広くした術は何か

26、牟氏は質問に対して、仏典ではなく、経書を引用して答えている理由

資料4　仏教の物理学（『阿毘達磨倶舎論』）

《極微論》

極微 _{ごくみ}	×7倍 ＝	微塵（阿耨塵）
微塵 _{みじん}	×7倍 ＝	金塵
金塵 _{こんじん}	×7倍 ＝	水塵
水塵 _{すいじん}	×7倍 ＝	兎毛塵
兎毛塵 _{うもうじん}	×7倍 ＝	羊毛塵
羊毛塵 _{ようもうじん}	×7倍 ＝	牛毛塵
牛毛塵 _{ごもうじん}	×7倍 ＝	隙遊塵
隙遊塵 _{げきゆうじん}	×7倍 ＝	蟻
蟻（あり） _ぎ	×7倍 ＝	蝨
蝨（しらみ） _{ちゅう}	×7倍 ＝	麹麥
麹麥 _{ほうばく}	×7倍 ＝	指節
指節 _{しせつ}	×3倍 ＝	指

《刹那生滅論》

1 刹那
_{せつな} × 120 ＝ 1 怛刹那
_{たんせつな}

1 怛刹那 × 60 ＝ 1 臘縛
_{ろうばく}

1 臘縛 × 30 ＝ 1 牟呼栗多
_{むこりた}（48分）

1 牟呼栗多 × 30 ＝ 1 晝夜（24時間）

現代の時間で表現すると、以下の通り。

1 晝夜（昼夜）＝24時間＝1440分＝86400秒

86400秒÷30 牟呼栗多＝2880秒＝1 牟呼栗多

2880秒÷30 臘縛＝96秒＝1 臘縛

96秒÷60 怛刹那＝1.6秒＝1 怛刹那

1.6秒÷120 刹那

　　　　　　＝0.01333…秒（1/75秒）＝1 刹那

＊これは『阿毘達磨倶舎論』の説であるが、1弾指
_{だんし}（指をパチッと弾く音の長さ）＝65刹那とする説、「牟呼栗多」を「須臾
_{しゅゆ}」という場合がある。

資料5　サンスクリット語一覧　＊平岡昇修『サンスクリットトレーニングⅠ』
世界聖典刊行協会参考

母　音

＊矢印は筆順を、カタカナは発音を表す。

a अ (ア)	ā आ (アー)	i इ (イ)
u उ (ウ)	ū ऊ (ウー)	r ऋ (リ)
ḷ ऌ (リ)	ḹ ॡ (リー)	e ए (エー)
o ओ (オー)	au औ (アウ)	

次の表は、各母音記号が子音字 口 についた形で、実際に組合せがないのは空白になっています。
r̥, l̥, l̥ の母音は稀であるため、ここでは省略します。

口	a	口 ā	口 i	口 ī	口 u	口 ū	口 r̥	口 e	口 ai	口 o	口 au
k क्	क	का	कि	की	कु	कू	कृ	के	कै	को	कौ
kh ख्	ख	खा	खि	खी	खु	खू	खृ	खे	खै	खो	खौ
g ग्	ग	गा	गि	गी	गु	गू	गृ	गे	गै	गो	गौ
gh घ्	घ	घा	घि	घी	घु	घू	घृ	घे	घै	घो	घौ
(ṅ ङ्	ङ	ङा	ङि	ङी	ङु	ङू	ङृ	ङे	ङै	ङो	ङौ)
c च्	च	चा	चि	ची	चु	चू	चृ	चे	चै	चो	चौ
ch छ्	छ	छा	छि	छी	छु	छू	छृ	छे	छै	छो	छौ
j ज्	ज	जा	जि	जी	जु	जू	जृ	जे	जै	जो	जौ
jh झ्	झ	झा	झि	झी	झु	झू	झृ	झे	झै	झो	झौ
(ñ ञ्	ञ	ञा	ञि	ञी	ञु	ञू	ञृ	ञे	ञै	ञो	ञौ)
ṭ ट्	ट	टा	टि	टी	टु	टू	टृ	टे	टै	टो	टौ
ṭh ठ्	ठ	ठा	ठि	ठी	ठु	ठू	ठृ	ठे	ठै	ठो	ठौ
ḍ ड्	ड	डा	डि	डी	डु	डू	डृ	डे	डै	डो	डौ
ḍh ढ्	ढ	ढा	ढि	ढी	ढु	ढू	ढृ	ढे	ढै	ढो	ढौ
ṇ ण्	ण	णा	णि	णी	णु	णू	णृ	णे	णै	णो	णौ
t त्	त	ता	ति	ती	तु	तू	तृ	ते	तै	तो	तौ
th थ्	थ	था	थि	थी	थु	थू	थृ	थे	थै	थो	थौ
d द्	द	दा	दि	दी	दु	दू	दृ	दे	दै	दो	दौ
dh ध्	ध	धा	धि	धी	धु	धू	धृ	धे	धै	धो	धौ
n न्	न	ना	नि	नी	नु	नू	नृ	ने	नै	नो	नौ
p प्	प	पा	पि	पी	पु	पू	पृ	पे	पै	पो	पौ
ph फ्	फ	फा	फि	फी	फु	फू	फृ	फे	फै	फो	फौ
b ब्	ब	बा	बि	बी	बु	बू	बृ	बे	बै	बो	बौ
bh भ्	भ	भा	भि	भी	भु	भू	भृ	भे	भै	भो	भौ
m म्	म	मा	मि	मी	मु	मू	मृ	मे	मै	मो	मौ
y य्	य	या	यि	यी	यु	यू	यृ	ये	यै	यो	यौ
r र्	र	रा	रि	री	रु	रू		रे	रै	रो	रौ
l ल्	ल	ला	लि	ली	लु	लू	लृ	ले	लै	लो	लौ
v व्	व	वा	वि	वी	वु	वू	वृ	वे	वै	वो	वौ
ś श्	श	शा	शि	शी	शु	शू	शृ	शे	शै	शो	शौ
ṣ ष्	ष	षा	षि	षी	षु	षू	षृ	षे	षै	षो	षौ
s स्	स	सा	सि	सी	सु	सू	सृ	से	सै	सो	सौ
h ह्	ह	हा	हि	ही	हु	हू	हृ	हे	है	हो	हौ

数字

१९९०	०	१	२	३	४	५	६	७	८	९	१०
1990	0	1	2	3	4	5	6	7	8	9	10

索　引

凡　例
・掲載する項目について、基礎的な用語とページは太字で記す。
・目次で使用されている主要な用語は省略する。
・動詞で使われる仏教用語のページは省略する（例：出家した、供養した、帰依したなど）。
・項目の別称、時代、内容などで統一可能なページは一括して（　）で記す。
・口絵や補注、今昔物語集、コラムの用語索引は基礎的な用語や特に注目できる用語のみ掲載する。

主要参考文献・協力者紹介

【辞典・事典】

・『仏典解題事典』第 2 版、春秋社、1977 年
  水野弘元、中村元、平川彰、玉城康四郎（編集）

・『漢訳対照　梵和大辞典』講談社、1986 年
  荻原雲来（編集）

・『例文　仏教語辞典』小学館、1997 年
  石田瑞麿（著）

・『広説　仏教語大辞典』全 4 巻、東京書籍、2001 年
  中村元（著）

・『岩波　仏教辞典』第 2 版、岩波書店、2002 年
  中村元、福永光司、田村芳朗、今野達、末木文美士（編集）

・『新・仏教辞典』第 3 版、誠信書房、2006 年
  中村元（監修）

・『仏教の事典』朝倉書店、2014 年
  末木文美士、下田正弘、堀内伸二（編）

【参考書、HP】

・『宗教史地図　仏教』朱鷺書房、1999 年
  古坂紘一（著）

・『仏教史研究ハンドブック』法蔵館、2017 年
  仏教史学会（編）

・『インド思想史』東京大学出版会、1982 年
  早島鏡正、高崎直道、原実、前田專學（編集）

・『インド仏教史』新版、春秋社、2011 年
  平川彰（著）

・『仏教通史』新版、春秋社、2006 年
　　平川彰（著）

・『新アジア仏教史』全 15 巻、佼成出版社、2010〜2011 年
　　奈良康明、沖本克己、末木文美士、石井公成、下田正弘（編集委員）

・『新・中国仏教史』大東出版社、2001 年
　　鎌田茂雄（著）

・『中国仏教思想史』パープル叢書、世界聖典刊行協会、1979 年
　　木村清孝（著）

・『仏教要語の基礎知識』春秋社、2006 年
　　水野弘元（著）

・『禅の歴史』法蔵館、2001 年
　　伊吹敦（著）

・『玄奘三蔵』講談社学術文庫、1998 年
　　慧立、彦悰（著）長澤和俊（訳）

・『「唯識」の読み方　凡夫が凡夫に呼びかける唯識』大法輪閣、2015 年
　　太田久紀（著）

・『論理と歴史　東アジア仏教論理学の形成と展開』ナカニシヤ出版、2017 年
　　師茂樹（著）

・『仏陀　その生涯と思想』第 26 版、角川書店、1992 年
　　増谷文雄（著）

・『ブッダの真理のことば　感興のことば』岩波文庫、1978 年
　　中村元（訳）

・『ブッダの世界』学研、2000 年
　　中村元、佐藤良純（編著）

・『リグ・ヴェーダ讃歌』岩波文庫、1970 年
　　辻直四郎（訳）

・『サンスクリット　トレーニング I 』世界聖典刊行協会、2004 年
　　平岡昇修（著）

254

・『新日本古典文学大系　今昔物語集』1〜9巻、岩波書店、1999年
　　今野達（校註）
・『今昔物語集』講談社学術文庫、1979〜1984年
　　国東文麿（訳注）
・『今昔物語集南都成立と唯識学』勉誠出版、2005年
　　原田信之（著）
・『原始仏教聖典資料による釈尊伝の研究』立正佼成会中央学術研究所、
　1992年〜
　　中央学術研究所ホームページ　http://www.sakya-muni.jp
・外務省、2016年
　　外務省ホームページ　http://www.mofa.go.jp/mofaj/area
・東京大学仏教青年会
　　東京大学仏教青年会ホームページ　http://todaibussei.or.jp

【協力者】

嚴島神社	イノウエコーポレーション
公益財団法人　大槻能楽堂	スジャータ・めいらく株式会社
國學院大學神道文化学部	國學院大學博物館
唐招提寺	日泰寺
株式会社　便利堂	法隆寺
丸山勇	インド・ネパール料理ブシャーン
株式会社　DNPアートコミュニケーションズ	
ジャパングッズ株式会社	牟禮山観音寺

本文イラスト挿絵：辻村とうこ（富田谷桃子）

　（敬称略）

あとがき

　私は12歳の時に仏道を志し、10代後半より修学旅行生へ薬師寺伽藍の説明と仏教の法話を行い、現在は神職の徒弟や一般学生に仏教を解説している。師匠の高田好胤和上も「私たちは仏教徒である以前に日本人である」と提唱され、神社界へも法話された。この度、ようやく、私の授業内容の前半を皆様の多大なご協力を得て上梓することになった。

　わが国は約1500年前に仏教が伝来した。この当時は中国文化を受容しながら形成された神祇信仰があった。ところが、仏教の伝来によって、初めて「天竺」という国の異文化を知った。これは従来の東アジアのみの世界観から西方の遠い国々の世界観まで視野に入ったということである。

　そこで、まず、本書では仏教が誕生したインドから東アジアへの仏教伝来の様相について述べた。次は続編として、中国から朝鮮、そして、わが国の神道的要素と融合した独自の「日本仏教」について執筆を試みたい。

　なお、この度、出版に至るまで多くの機関・団体・個人からご協力を賜った。蓑輪顕量先生、吉田叡禮先生、伊藤允一君、小宮俊海君には多くの資料やご助言をいただいた。特に蓑輪先生にはご多用の中で有難く推薦文を頂戴した。そして、写真や挿絵、文章校正なども中田文花先生、三宮千佳先生、泉幸枝先生、富田谷桃子さんにご支援をいただいた。また、索引編集では、升山顕耀君、安保大吾君、金田明大君、宮田大吾君ら学生達も手伝ってくれた。さらに、出版や掲載許可の申請等を快く引き受けてくださった新典社の小松由紀子さん、中国の友人、王永平さん、皆様に感謝の言葉を申し上げたい。この他にも多くの方々にご協力を賜った。皆様のご芳名を記したいと思うが、紙幅の都合上、割愛させていただきたく、この場をかりて衷心から厚くお礼申し上げたい。合掌

　　令和元年十二月大晦日

　　　　　　　　南都北辰者　大覺坊　智奘　謹拝

有働　智奘（うどう　ちじょう）
昭和47年（1972）愛知県名古屋市生まれ。昭和63年（1988）奈良薬師寺入山、法相宗管長高田好胤師に師事。平成7年（1995）龍谷大学文学部仏教学科卒。同年、薬師寺奉職、伽藍担当（修学旅行生法話）、大宝蔵殿学芸員。平成19年（2007）薬師寺退山。平成23年（2011）國學院大學大学院文学研究科神道学専攻博士課程後期満期退学。
専攻、日本宗教文化史。学位、宗教学（博士）。
現在、國學院大學兼任講師、武蔵野大学非常勤講師、法相宗僧侶。他に早稲田大学エクステンションセンター、毎日文化センター、日本テレビ・読売カルチャー等講師歴任。
主著（共著、分担執筆）
『世界宗教百科事典』（丸善出版社、2012年）
『事典　神社の歴史と祭り』（吉川弘文館、2013年）
『事典　日本の仏教』（吉川弘文館、2014年）
『古代史の最前線　日本書紀』（洋泉社、2016年）
『古代文学と隣接諸学7　古代の信仰・祭祀』（竹林舎、2018年）
『事典　古代祭祀と年中行事』（吉川弘文館、2019年）

はじめて学ぶ仏教 インド・中国編

2020年2月10日　初刷発行

著　者　有働智奘
発行者　岡元学実

発行所　株式会社　新典社

〒101－0051　東京都千代田区神田神保町1－44－11
営業部　03－3233－8051　編集部　03－3233－8052
ＦＡＸ　03－3233－8053　振　替　00170－0－26932
検印省略・不許複製
印刷所　惠友印刷㈱　製本所　牧製本印刷㈱

ISBN 978-4-7879-7863-9 C1015
http://www.shintensha.co.jp/
E-Mail:info@shintensha.co.jp